会计研究方法及Stata应用

吴良海　胡芳芳　陈丽雯　杨 露　等◎著

化学工业出版社

·北京·

内容简介

会计研究方法分为分析性与经验性两大类。多元回归统计与案例分析构成经验性会计研究方法的基础，这两类分析需要研究者结合不同数据结构熟练应用Stata软件。本书聚焦经验性会计研究方法，以经典实证会计理论为基础，完整而简练地展现了“方法-数据-代码”三位一体的现代会计研究的真实场景。具体包括分析性研究与经验性研究、横截面数据回归分析、时间序列数据的回归分析、面板数据回归分析、回归分析方法的应用和经验会计研究项目的实施，其中，回归分析方法的应用分三章阐述，全书一共八章内容。

本书适用于会计学、财务管理与审计类专业的硕士研究生、博士研究生、教师以及从事实证研究的学者。

图书在版编目（CIP）数据

会计研究方法及Stata应用 / 吴良海等著. -- 北京 : 化学工业出版社, 2025. 9. -- ISBN 978-7-122-49133-6

Ⅰ. F232

中国国家版本馆CIP数据核字第2025ZL2977号

责任编辑：夏明慧

责任校对：王　静

装帧设计：王晓宇

出版发行：化学工业出版社

(北京市东城区青年湖南街13号　邮政编码100011)

印　　装：涿州市般润文化传播有限公司

710mm×1000mm　1/16　印张12¾　字数243千字

2025年9月北京第1版第1次印刷

购书咨询：010-64518888　　售后服务：010-64518899

网　　址：http://www.cip.com.cn

凡购买本书，如有缺损质量问题，本社销售中心负责调换。

定　　价：78.00元

前言
PREFACE

在会计学科蓬勃发展的今天，严谨的研究方法已成为推动理论创新与实践进步的核心引擎。随着实证研究在会计领域的深度渗透，掌握科学的研究范式与高效的分析工具，不仅是学术探索的必备技能，更是连接学术前沿与现实问题的重要桥梁。《会计研究方法及 Stata 应用》一书正是为回应这一时代需求而著的，旨在为会计学者、研究生及实务工作者提供一套系统、实用且紧跟前沿的方法论指南。

一、研究方法的二元融合：理论与实证的对话

会计研究长期存在“分析性”与“经验性”两条并行的路径。分析性研究通过逻辑推演构建理论模型，揭示会计现象的内在机制（如信息披露均衡模型）；经验性研究则依托数据实证检验理论假设（如政策冲击的准自然实验）。二者并非对立，而是互补共生。

• 分析性研究聚焦抽象建模，以简驭繁。通过“无信息披露成本模型”等案例，阐释如何通过假设设定、均衡求解与理论诠释，提炼会计现象的本质规律。

• 经验性研究强调实证设计，以数据为尺。从假设提出、变量构建到稳健性检验，以“环境规制对企业税收规避的影响”为例，完整呈现 DID（双重差分）模型的应用逻辑与 Stata 实现流程。

这种二元框架的贯通，旨在培养“理论驱动实证，实证反哺理论”的辩证思维，避免读者陷入“重技术轻思想”或“重思辨轻验证”的误区。

二、Stata：会计实证研究的利器

工欲善其事，必先利其器。Stata 以强大的数据处理能力、灵活的编程环境及丰富的计量模块，成为会计实证研究的首选工具。本书突破传统方法论“重理论、轻操作”的局限，实现“方法-数据-代码”三位一体化。

• 技术全覆盖：从横截面数据的异方差处理到面板数据的固定效应与动态 GMM 估计（动态面板数据广义矩估计），均配有详尽的 Stata 命令与结果解读。

• 实战化导向：每章均嵌入真实研究案例（如控股股东股权质押与股份回购政策选择），提供完整可复现的代码框架（如平行趋势检验、机制分析、经济后果检验等），使读者能够做到即学即用。

• 附录精要：附录“Stata在实证会计中的应用”，浓缩高频操作模板，涵盖数据清洗、描述统计、回归诊断及结果输出，助力读者高效研究。

三、内容架构：从基础到前沿的渐进探索

本书以“方法-数据-应用”为逻辑主线，层层递进。

1. 方法论基石（第一、八章）

解析分析性与经验性研究的哲学基础，并拆解研究项目的实施流程，筑牢学术规范意识。

2. 数据类型深挖（第二至四章）

• 横截面数据：聚焦OLS（普通最小二乘法）、Logit/Tobit模型及共线性、异方差问题。

• 时间序列数据：涵盖分解、平滑、ARIMA（自回归积分移动平均模型）与动态回归。

• 面板数据：剖析固定效应、随机效应选择及空间面板扩展。

3. 研究场景应用（第五至七章）

紧扣会计学核心议题——决策有用性（信息观、计量观）与经济后果，通过ESG表现、股价崩盘风险等案例，展示方法在具体场景的落地应用。

会计研究既是科学，亦是艺术。科学在于方法的严谨——无论是理论模型的逻辑自洽性，还是实证设计的因果识别力；艺术在于对问题的洞察——从纷繁的数据中提炼规律，于制度背景下诠释价值。我们期待本书成为读者探索会计世界的“工具箱”，帮助读者在理论与数据的交响中，奏响创新的强音。

本书是师生合作、历经数载凝练而成的教改成果。全书编写大纲由吴良海、胡芳芳、陈丽雯和杨露设计，各章及附录初稿的具体分工是：第一章，许绪；第二章，张秋雨；第三章和第八章，陈丽雯；第四章，张芷蕙；第五章，陈露露；第六章，陈婵媛；第七章，李格格；附录由吴良海和吴晗嫣共同撰写完成。后续修改及最后的统稿工作由吴良海、陈丽雯、胡芳芳和杨露共同完成。

本书为安徽工业大学研究生一流教材《会计研究方法》（2022yljc012）、“公司治理与公司会计”安徽省高校领军人才团队引进重点资助项目、安徽省研究生名师工作室（2024yjsmsgzs018）的研究成果。谨以本书献给所有致力于会计学术深耕的同行者。书中不足之处，恳请学界同仁不吝指正。

著者

目录
CONTENTS

第一章
分析性研究与经验性研究

本章导读

分析性研究是一种基于理论分析和逻辑推理的研究方法，旨在通过理论构建、逻辑推断和概念分析，深入探讨研究对象的内在机制、规律和原因，从而对世界进行模型式简化，以概括世界的主要特征。分析性研究是假设与演绎的过程，强调对问题的逻辑解释和理论框架的建构，以揭示问题的本质和内在联系。经验性研究是一种基于实证数据和观察结果的研究方法，与分析性研究相反，它旨在通过数据收集、实验设计和统计分析，验证理论假设、检验现象规律、评估政策效果等。这种研究方法强调对现实世界的观察和实证分析，以验证理论假设或解决实际问题，从而对世界进行认识。本章简要介绍会计学研究中的两种主流的研究方法，为读者进行深入的会计研究打下基础。

第一节　分析性研究

一、分析性研究的基本原理

分析性研究致力于构建抽象的理论框架，通过逻辑推演对命题进行深刻剖析，这与实证研究的演进轨迹相呼应，共同推动会计学的进步。在西方，分析性研究已逐渐形成公认的研究范式与结构体系。其核心理念在于，基于一系列合理的假设，构建基础模型，并通过对模型的深入推导与分析，提炼出关键性的命题与结论。这不仅为政策制定提供了理论支撑，也促进了人们对会计与经济现象更深层次的理解。

分析性研究首先要明确研究对象；接着，从会计与经济活动的复杂模式中提炼关键要素构建分析模型；随后，基于模型进行均衡求解，探讨各行为主体在既定目标下的稳定状态，如市场交易均衡、博弈均衡等；进而对模型中的关键因素进行深入剖析，形成具有普遍意义的定理；最后，总结研究成果，提出政策建议与未来研究方向，同时反思研究的局限性。分析性研究的优势在于，能剥离现实世界的复杂，通过理想化的假设，聚焦问题的本质。但有观点认为，过于理想化的假设忽略了现实中的不确定性，减弱了结论的可靠性。但另一派则坚持认为，分析性研究作为一种理论抽象，其价值在于提供一种认知视角与参考框架，有助于更深刻地理解会计与经济现象。正如 MM 定理，尽管其假设条件可能与现实存在偏差，但其理论价值不容忽视，为洞察市场运作机制提供了宝贵的视角。

因此，对于分析性研究而言，关键在于平衡理论抽象与现实应用的关系。在追求理论深度与广度的同时，也应关注其现实解释与指导意义，以更好地服务于会计实践与经济社会的发展。为了更好地解释分析性研究的基本原理，本书将分析性研究的理论分析框架简化为以下三个方面。

（一）假设

现实世界中的现象往往极为复杂，涉及众多因素。在分析现实世界时，假设不仅简化了复杂的世界，从繁杂的因素中提炼出关键的变量；还构建了理解现实世界的理论框架，提供了逻辑上的指导，使我们能够有目的地设计实验、收集数据，并通过这些数据来验证和修正现有假设，不断发现新的规律和现象。通过假设对现实世界进行简化是分析性研究最重要的一个步骤。第一，假设是推理的前提。类比三段论演绎推理，结论实际上是蕴含于大前提中的，因此分析性研究的结论（即均衡的解）实质上也是蕴含于假设之中的；第二，模型的质量取决于假设。假设过强，对现实世界细节的舍弃过多，可能导致模型均衡的解失去解释与预测的能力；假设过弱，保留了过多细节，可能导致模型缺乏清晰的结论。假设过于直接，将导致模型缺乏深度，难以挖掘深层次的规律；假设过于遥远，可能导致模型过于晦涩难懂，从而限制模型的应用。一个好的分析性研究，需要不断提出假设、求解均衡、解释和预测。往往历经数次反复，才能建立一个好的分析性研究模型。

（二）均衡

经济学中的均衡指的是经济事务中有关变量在一定条件下相互作用达到一种相对静止的状态，并保持该状态不变。不同研究者可能基于其研究问题的不同对均衡有着不同的界定。这里通过几种均衡的关系来理解经济学中均衡的含义。

市场均衡是指商品的需求和供给相等。价格在此时会稳定在一定水平上，即均衡价格。市场均衡由买卖双方的行为决定，通过供求调节达到资源有效配置和社会福利最大化的目标。生产要素的边际均衡是指，在生产过程中各生产要素的利用需要达到边际均衡，即进一步增加或减少某一生产要素的利用量将不再增加或减少总产出。生产要素的边际均衡是企业优化资源配置和提高生产效率的关键。社会经济均衡是指整个经济体系在资源配置、收入分配和社会福利等方面都达到一种相对稳定和最优的状态。社会经济均衡包括市场经济中的供求均衡、收入与财富的公平分配、环境和资源的可持续利用等多个方面的平衡。实现社会经济均衡是经济政策和制度设计的目标，旨在促进社会的繁荣和可持续发展。博弈均衡是指在一定的博弈模型中，每个参与者采取最优策略后，在给定的博弈结果中无法获得更多回报的均衡状态。博弈均衡可以分为三类：纳什均衡、博弈最优均衡和博弈安全均衡。纳什均衡指的是每一方在给定的博弈模型中采取最优策略后，不会再做出任何有利于自己的改变，从而最终形成的均衡状态；其特征是每一方都没有社会最优解，也没有个人最优解。博弈最优均衡是指在博弈模型中，每一方采取最优策略，最终形成的均衡状态；这个均衡状态是社会最优解，即所有参与者共同得到的总回报是最大的。博弈安全均衡是在博弈模型中，每一方都采取最优策略后，最终形成的均衡状态；这个均衡状态是个人最优解，即每一方都可以得到最大的回报，而不影响其他参与者的回报。

（三）诠释

经济分析深邃的魅力在于其双重使命：解释和预测。这不仅是对经济现象背后客观规律的探寻，还能将这些规律转化为改造世界的行动指南。在这个过程中，通过缜密的计算和推理，求得连接理论和实际的均衡解，将复杂的理论转化为可理解的语言。此时需要做的是对这座桥梁进行深入解读，揭示其如何与现实世界相互呼应，如何影响整个经济体系。在研究的过程中，不仅要关注模型在特定环境下的均衡解，更要预测当环境发生变化时这些均衡解将如何演变。这一过程正是比较静态分析的核心。比较静态分析让我们洞察到，当经济系统中的某个或多个外生变量发生变动时，均衡状态将随之调整。这种调整不仅揭示了经济现象背后的动态机制，还提供了预测未来经济走势的重要线索。在解释和预测这些变化规律时，还需要考虑效率和福利的含义。这是因为经济分析的最终目的是实现社会福祉和效率的提升。因此，需要依据特定的价值标准，分析福利含义，评估其是否符合社会期望，为制定科学合理的经济政策提供有力的支持。

二、分析性研究的案例应用

分析性会计研究，作为会计学科的前沿探索方向，在当代研究中占据重要位置，然而在中国，这一领域尚处于萌芽阶段。更广泛地来看，在国内经济、金融及会计学术领域内，分析性研究的匮乏是一个普遍现象。洪剑峭和李志文教授于2004年出版的《会计学理论——信息经济学的革命性突破》是我国较早的分析性会计研究著作。此书全面梳理了过去 30 年分析性会计研究的核心成就，精心将其划分为五大主题板块，并开创性、系统性地阐述与总结了信息经济学理论如何深刻影响并应用于会计理论的构建与发展之中。程小可、辛清泉和毛丽娟于 2005 年翻译出版的分析性会计研究代表著作——《信息含量观中的会计理论》，介绍了分析性研究对会计理论的影响及基本思想。这些宝贵的著作对我们了解分析性研究起到了重要的作用。下面通过案例应用来认识分析性研究。

» 案例：　无信息披露成本的信息披露问题

对于选择性披露现象，尤其是当成本信息未被公开时，投资者可能会面临信息不对称的困境：他们无法确切判断经理是否已掌握相关信息，更不清楚经理所掌握信息的具体内容。当经理选择不披露信息时，投资者在推测其背后原因时会遇到一个难题：他们难以区分经理是因为收到不利消息而保持沉默，还是单纯未获得任何相关信息。这种不确定性有效遏制了投资者可能陷入的无限循环逆向选择过程，从而促成了经理倾向于选择性披露的均衡状态。

1. 模型的假设和具体描述

（1）市场由企业经理和市场投资者组成，投资者是风险中立的，这样企业的市场价格完全由投资者对企业价值的期望值决定：$P(\Omega)=\dfrac{E(\bar{u}\mid\Omega)}{1+r}$。这里 Ω 表示投资者在经理执行披露政策之后形成的对企业未来价值的判断或拥有的关于企业未来价值信息的集合。$P(\Omega)$ 表示经理执行披露政策后企业的市场价格，依赖于此时投资者的信息集合 Ω。$\bar{u}$ 表示企业的未来价值，$E(\bar{u}\mid\Omega)$ 是根据信息 Ω 形成的企业未来价值的期望值。r 为折现率，不失一般性，我们假设 $r=0$。

（2）模型为单期的，期初时经理和投资者对期末企业价值 u 的先验分布有一致的看法：$\bar{u}$ 取值于 $[a,b]$，$f(u)$ 为期末企业价值的概率分布函数且 $E(\bar{u})=\mu$。经理选择披露政策的目标是使企业的市场价格最大化。

（3）在执行披露政策前，经理收到信息的概率为 $1-p$，收到的信息是企业的期末价值。收到信息后，经理可选择披露。如果选择披露，则他会真实地披露所收到的信息。如果没有收到信息，经理也不能向投资者说明没有披露信息的真正原因。

2. 均衡的定义和存在性

（1）均衡的定义。首先分析投资者对经理没有披露信息的动机的猜测。以 $D\subseteq[a,b]$表示经理准备披露的信息集合，即如果经理收到信息且收到的信号 $u\in D$，那么经理披露 $\bar{u}=u$，D 完全决定了经理的信息披露行为，也称为经理的披露政策。ND 则为经理没有披露信息时，投资者对其不披露动机的猜测所形成的关于企业价值的信息集合。

如果经理披露 $\overline{u}=u$，企业的市场价格为 $P(\overline{u}\mid\overline{u}=u)=E(\overline{u}\mid\overline{u}=u)=u$；如果经理没有披露信息，则企业的市场价格为 $P(\overline{u}\mid ND)=E(\overline{u}\mid ND)$。所以，根据企业市场价格最大化的目标，经理披露 $\overline{u}=u$，当且仅当 $u>E(\overline{u}\mid ND)$，即 $D=\{u\mid u>E(\overline{u}\mid ND)\}$。由于任何一个满足企业市场价格最大化要求的披露政策 D，存在唯一的 $\hat{u}\in[a,b]$，使 $D=[\hat{u},b]$，因此，我们称这个 $\hat{u}$ 为披露政策 D 的披露临界水平。事实上，如果 ND 为投资者对没有披露信息的猜测，那么 $\hat{u}=E(\overline{u}\mid ND)$。

由于披露政策和它的披露临界水平之间的这一对应关系，故可将两者等同。披露政策 $\hat{u}$ 指以 $\hat{u}$ 为披露临界水平的披露政策。当收到信息 u 时，如果 $u>\hat{u}$，经理披露 $\overline{u}=u$，否则，不披露。如果没有收到信息，当然只能保持沉默。这样经理的信息披露决策就是选择一个 $\hat{u}\in[a,b]$ 作为披露的临界水平。

上述过程仅依赖于企业的市场价格最大化目标，理性的投资者可以预判经理披露政策存在的披露临界水平的性质。因此，当经理没有披露信息时，投资者对经理披露政策的披露临界水平有一个预期。

设 v 是经理没有披露信息时投资者对披露临界水平的猜测，$ND(v)$ 表示投资者因此形成的关于企业价值 $\overline{u}$ 的猜测。同样，在均衡时，投资者的猜测与经理不披露信息的动机是一致的。如果经理的披露政策 D 为一个均衡，那么它的披露临界水平 v 必定同时也是投资者的预期，即 $v=E[\overline{u}\mid ND(v)]$。如果 $v\in[a,b]$ 为一个均衡时的披露临界水平，且满足公式：

$$v=E[\hat{u}\mid ND(v)] \tag{1-1}$$

将公式（1-1）的左边理解为投资者对经理披露政策临界水平的预期，那么右边表示的是在投资者这一预期下经理的最佳披露政策的临界水平，两者一致同样也可作为均衡的定义，即均衡的披露政策为在投资者对披露政策有正确预期的条件下经理选择的最佳披露临界水平。

下面计算 $E[\overline{u}\mid ND(v)]$。$ND(v)$ 表示：一是有可能经理真没有收到信息，这时对企业价值仍只有期初的预期 $E(\overline{u})=\mu$；二是经理收到信息，但收到的信号低于披露的临界水平 $u<v$，从而对企业价值的预期为 $E(\overline{u}\mid u<v)$。因此，根据 $ND(v)$ 预期企业的价值：

$$\begin{aligned}E[\overline{u}\mid ND(v)]&=\frac{p}{p+(1-p)F(v)}E(\overline{u})\\&\quad+\frac{(1-p)F(v)}{p+(1-p)F(v)}E(\overline{u}\mid u\leqslant v)\\&=\frac{p\mu}{p+(1-p)F(v)}+\frac{(1-p)F(v)}{p+(1-p)F(v)}\int_a^v xf(x)\mathrm{d}x\end{aligned} \tag{1-2}$$

其中，$F(v)=\int_a^v f(x)\mathrm{d}x$ 表示经理收到的信号满足 $u<v$ 的概率，$p+(1-p)F(v)$ 表示经理没有披露信息的概率，等于没有收到信息的概率 p 加上收到信息但信号在披露水平 v 以下的概率 $(1-p)F(v)$。

将公式（1-2）代入公式（1-1）中整理可得：

$$v[p+(1-p)F(v)]=p\mu+(1-p)\int_a^v x\mathrm{d}F(x) \tag{1-3}$$

对公式（1-3）最后一项分部积分可得：

$$p(\mu-v)=(1-p)\int_a^v F(x)\mathrm{d}x \tag{1-4}$$

在均衡时投资者可以准确预测经理的披露政策 v，在这一限制下，分析披露政策 v 信息不披露的成本和收益，各记作 $C(v)$ 和 $B(v)$，它们分别来自投资者对经理没有披露信息动机的两种猜测。

当经理没有披露信息时，如果投资者猜测是因为经理收到一个坏消息，这时投资者的逆向选择会造成企业市场价格的下降。在披露政策 v 下，对于信号 $u\leqslant v$，披露时企业市场价格为 u，不披露时企业市场价格为 $E(\overline{u}\mid u\leqslant v)$，所以：

$$\begin{aligned}C(v)&=\max_{u\leqslant v}(1-p)F(v)[u-E(\overline{u}|u\leqslant v)]\\&=(1-p)F(v)[v-E(\overline{u}|u\leqslant v)]\end{aligned}$$

直接验算，公式（1-4）的右边即为上面的 $C(v)$。这样，我们将公式（1-4）的右边理解为在披露政策 v 下信息不披露的成本。

当经理没有披露信息时，如果投资者猜测是因为经理没有收到信息，那么会使企业市场价格维持在最初的预期水平 μ，这样给经理不披露信息 u 带来的价格上好处是 $\mu-u$。由于这个好处依赖于经理收到而没有披露的信息，对披露政策 v 来讲，信息不披露的好处应该理解为所有可能出现的好处中最小的期望值。因此，$B(v)=\min_{u\leqslant v}p(\mu-u)=p(\mu-v)$，也就是公式（1-4）的左边。这样，我们将公式（1-4）的左边理解为披露政策下信息不披露的收益。

公式（1-4）可以解释为：在投资者对披露政策正确预期的限制下，经理选择不披露的成本等于收益时的披露政策是最佳的，即可以使企业市场价格最大。原因是，如果某个披露政策 y，满足 $B(y)>C(y)$，表明不披露临界信号 y 的收益大于成本，经理可以通过提高披露临界水平使收到信号 y 时企业的市场价格更高，所以披露政策 y 不会是经理的最佳选择。同样，当 $B(y)<C(y)$ 时，经理通过降低披露临界水平而直接披露信号 y 可以提高收到信号 y 时企业的市场价格，这时披露政策 y 也不是经理的最佳选择。因此，只有确定的披露临界水平 y 才是经理的最佳选择。

根据上面给出的 $B(v)$ 和 $C(v)$ 的经济直观性，不难理解下面几条性质：

$C(v)$ 是 v 的单调上升函数，$C(a)=0$；$B(v)$ 是 v 的单调下降函数，且 $B(a)>0$、$B(b)<0$。得到的披露临界水平越高，经理收到信息后披露得越少，经理和投资者之间的信息不对称程度越大，投资者逆向选择的影响越大，所以相应不披露的成本也越大。而当经理收到信息时选择完全披露政策时，经理和投资者之间没有信息不对称问题，投资者知道经理没有披露信息的原因是没有收到信息，从而没有信息不披露的成本。

(2) 均衡的存在性。本小节的主要结论如下：存在唯一的非平凡的均衡，而且此时的披露政策 v 满足 $a<v<\mu$。证明过程：当 $v=a$ 时，公式（1-4）左边项大于零，右边项等于零。当 $v=\mu$ 时，公式（1-4）左边项等于零，右边项大于零。同时，公式（1-4）左边项为 v 的严格单调下降函数。又因为 $[(1-p)\int F(x)\mathrm{d}x]'=(1-p)F(x)>0$，所以右边项为 v 的严格单调上升函数。所以存在唯一的非平凡的均衡，$v\in(a,\mu)$ 满足公式（1-4）。

当经理收到信息的可能性增大时，投资者认为信息不披露时经理收到坏消息的可能性也增大，从而经理不披露信息的成本增加。为了抵消增加的成本，经理会选择更低的披露临界水平，增加信息披露。因此，当 $1-p$ 增加时，均衡时的披露临界水平 v 下降。

证明：对公式（1-4）两边的 p 求导：

$$[F(v)+p(1-F(v))]\frac{\mathrm{d}v}{\mathrm{d}p}=(\mu-v)+\int_a^v F(x)\mathrm{d}x \tag{1-5}$$

显然，公式（1-6）右边项和左边方括号中表达式的取值为正，所以 $\frac{\mathrm{d}v}{\mathrm{d}p}>0$。根据该推论对实证研究进行假设——好消息早披露，坏消息晚披露，假设经理收到信息的概率随着时间的推移而增大，相应地，披露的临界水平随着时间的推移而下降，这样，原先临界水平下的坏消息随着时间的推移达到了披露的临界水平而不得不披露。例如，在盈余公告问题上，经理收到信息的概率随着时间推移而增大的假设是不难理解的，因为当越来越临近会计期末时，经理知道本期收益情况的可能性自然也越来越大。

第二节　经验性研究

一、经验性研究的基本原理

经验性研究的基本框架包括研究背景、理论分析、研究设计、数据分析以及研究结论与启示。

（一）研究背景

研究背景通常包含描述当前研究所要解决的问题、明确研究对象和研究范围、回顾已有的研究成果、介绍相关的理论和方法、指出当前研究的不足、说明进行这项研究的动机和目的、阐明研究的必要性及潜在的学术和实践意义。通过介绍研究背景，研究者可以向读者展示研究的来龙去脉，阐明研究的必要性，为后续的研究设计、数据分析和结果讨论奠定基础。

（二）理论分析——提出假设

理论分析指的是研究者对现有理论进行审查、解释和应用，以构建研究框架和指导实证研究的过程。这一步骤为研究问题的提出、研究假设的形成以及结果的解释提供了理论基础。而且，在数据分析前，理论分析过程可以帮助研究者初步解释结果，确定结果是否支持假设，并讨论其理论和实际意义。

理论分析的主要步骤：首先，进行全面的文献回顾，查阅与研究主题相关的已有研究成果，了解当前的研究现状。其次，在已有研究的基础上，提出新的理论框架或模型，以解释和预测研究问题。这个过程可能包括整合不同的理论观点或提出新的理论概念。然后，根据理论框架，提出具体的研究假设，这些假设通常是关于变量之间关系的猜测性陈述。例如，企业会计盈余的稳健水平与非效率投资水平呈负相关；与交易型机构投资者相比，有稳定型机构投资者参与的企业中，会计稳健性改善企业投资效率的功效更强，这些都属于研究假设。假设可以进一步细分为原（零）假设和备择假设（竞争性假设），即通过理论分析后发现，两变量间可能存在正向关系，也可能存在负向关系。比如，在研究企业履行社会责任对审计师决策的影响时，“履行社会责任会显著降低企业外部审计费用，降低企业被出具‘非标’审计意见的概率”与“履行社会责任会显著提高企业外部审计费用，提高企业被出具‘非标’审计意见的概率”，便属于竞争性假设。

（三）研究设计——样本、变量及模型

在样本选择上，样本量越多，估计的误差也就越小，模型的拟合程度也更优。在会计学的研究中，通常需要剔除金融行业以及 ST 公司，因为这些行业及公司的特殊性可能会影响研究的结论。同时，部分研究可能需要限制一些因素，如将样本限定为重污染行业、制造业等。这些研究都是基于特定目的而选择样本的，比如，研究绿色信贷对商业银行经营风险的影响时，选取的指标数据来源于商业银行。

变量的定义是将现实中存在的具体问题、研究假设中涉及的变量定义为具体研究模型中的变量。然而现实问题和研究假设中的部分变量通常难以直接度量，

需要研究者根据问题的本质选择最相关的变量，或者使用统计学方法、运用主成分分析法等构建指标，这些变量称为代理变量。比如，商业银行综合经营风险很难用一个单独的变量进行衡量，可以从流动性风险、资产质量风险、盈利能力风险和资本风险四个维度选取10个代理变量进行因子分析。再比如，用非流动比率来测算信息不对称程度。对于交易量很大的股票来说，某一笔交易引起的股票价格变化较小，所以当股票的流动性很大时，投资者的逆向选择成本较小。通常认为逆向成本是由信息不对称引起的，较低的逆向选择成本表明信息不对称程度较低。然而，即使是一些容易度量的变量，如企业价值，盈利能力等，可能也会存在一些误差，需要采取一些特定的方法去消除，从而得出可靠的研究结论。

将各变量进行定义之后，研究者需要根据变量的类型以及研究的目的构建特定的模型。模型的构建首先需要理论的指导，其次是添加适当的控制变量，最后是根据数据的特点选择使用 Regress、Logistic 或 Tobit 等合适模型。由于横截面数据和面板数据可能存在相应的异方差和自相关问题，研究者需要在回归模型中使用稳健标准误或聚类稳健标准误等方法对拟建模型进行调整。

（四）数据分析

以实证研究为例，数据分析部分通常需要进行：①描述性统计，对各变量的均值、最值、标准差、样本量等进行分析；②相关性分析，对各变量间的相关系数进行分析，初步检验是否存在多重共线性；③多元回归分析，对回归结果进行分析，主要观察变量间是否具有统计上的显著性，是否支持文中的假设；④稳健性检验，检验研究结论是否稳健，通常包括替换变量、改变样本区间以及内生性检验等；⑤机制检验，通过中介变量检验解释变量对被解释变量的作用机制；⑥异质性分析，分组检验不同组别中是否存在差异。

（五）研究结论与启示

对数据进行详细的分析后，研究者需要根据模型的回归结果以及进一步研究得出的结论总结出具有实际意义的启示。一篇有价值的经验研究不仅需要有严谨的研究方法，也应当在实践中具有学术贡献，可以对政策制定者、实务工作者以及其他研究者等的工作产生深远的影响。

二、经验性研究的案例应用

以刘志远和官小燕（2024）的“环境规制影响企业税收规避吗——基于新《环保法》实施的准自然实验”为例，介绍经验性研究的具体应用。

（一）研究背景

新的《中华人民共和国环境保护法》（以下简称新《环保法》）的发布从长

期来看一定有助于企业的可持续发展，但短期内会对生产经营产生一定的冲击作用，而税收规避是企业缓解不利影响的常用手段。那么，环境规制会如何影响税收规避程度呢？何种类型的公司更可能利用税收规避缓解环境规制带来的消极影响呢？税收规避对绩效又会带来怎样的影响呢？基于这些问题我们进行了研究。

（二）理论分析与研究假设

H1：环境规制会促使企业增加税收规避程度。

H2：企业融资难度较大时，环境规制与税收规避的正相关关系更强。

H3：企业经营压力较大时，环境规制与税收规避的正相关关系更强。

（三）研究设计

1. 样本选择与数据来源

以 2010～2020 年 A 股上市公司为初始样本，进行如下筛选：①保留税前利润大于 0 的样本；②剔除实际所得税率小于 0 或大于 1 的样本；③剔除 ST、金融保险行业公司；④剔除资产小于负债的样本；⑤剔除主要变量数据缺失的样本。最终获得 14511 个观测值，并对连续变量进行 1%水平上缩尾处理。所得税的名义税率来源于 WIND 数据库，其他数据均来自 CSMAR 数据库。

2. 模型构建与变量定义

为分析环境规制对税收规避的影响、检验研究假设 H1，构建 DID 模型：

$$TaxAvoid = \alpha_0 + \alpha_1 Treat + \alpha_2 Post + \alpha_3 (Treat \times Post) + \alpha_4 Size + \alpha_5 Lev + \alpha_6 Invent + \alpha_7 Intag + \alpha_8 PPE + \alpha_9 ROA + \alpha_{10} ROI + \alpha_{11} BM + \alpha_{12} Soe + \alpha_{13} Share + \alpha_{14} Indep + \alpha_{15} NTR + Firm + Year + \varepsilon \quad 模型（1）$$

详细的变量定义见表 1-1。

表 1-1　详细的变量定义

变量名称	变量符号	变量定义
税收规避	*TaxAvoid*	（所得税费用－递延所得税费用）/税前利润
是否受政策影响	*Treat*	重污染企业为 1，其他为 0
政策是否实施	*Post*	2015 年及以后为 1，其他为 0
政策净效应	*Treat*×*Post*	*Treat* 与 *Post* 的乘积
企业规模	*Size*	期末总资产的自然对数
资产负债率	*Lev*	期末负债与总资产的比值
存货密集度	*Invent*	期末存货净值与总资产的比值
无形资产密集度	*Intag*	期末无形资产净值与总资产的比值
固定资产密集度	*PPE*	期末固定资产净额与总资产的比值

续表

变量名称	变量符号	变量定义
盈利能力	*ROA*	税前利润与总资产的比值
投资收益率	*ROI*	投资收益与税前利润的比值
账面市值比	*BM*	总资产与市值的比值
产权性质	*Soe*	国有企业为1，其他为0
股权集中度	*Share*	第一大股东持股比例
独立董事占比	*Indep*	独立董事人数与董事总人数的比值
名义税率	*NTR*	直接取自WIND数据库

（四）实证结果分析

1. 平行趋势检验

```
preserve
keep if year == 2014
ttest TaxAvoid, by(Treat)
restore

preserve
keep if year == 2013
ttest TaxAvoid, by(Treat)
restore

preserve
keep if year == 2012
ttest TaxAvoid, by(Treat)
restore

preserve
keep if year == 2011
ttest TaxAvoid, by(Treat)
restore

preserve
keep if year == 2010
ttest TaxAvoid, by(Treat)
restore
```

表 1-2 列示了平行趋势检验结果，两组样本的避税程度在政策冲击前不存在显著差异，且均值的变化趋势一致，满足平行趋势假设，可以使用 DID 模型。

表 1-2　平行趋势检验结果

时间	对照组	实验组	差异	*t* 值
实施前第一年（2014 年）	0.206	0.212	−0.006	−1.106
实施前第二年（2013 年）	0.213	0.217	−0.004	−0.636
实施前第三年（2012 年）	0.208	0.208	0.000	0.072
实施前第四年（2011 年）	0.199	0.206	−0.007	−1.343
实施前第五年（2010 年）	0.204	0.191	0.013	2.194

2. 基准回归结果分析

```
* 当期税收规避
reghdfe TaxAvoid Treat Post Treat×Post Size Lev Invent   ///
    Intag PPE ROA Roi BM Soe Share Indep NTR i. Year ,absorb(Firm) vce(robust)
* 未来一期税收规避
xtset Firm Year
reghdfe f. TaxAvoid Treat Post Treat×Post i. Year ,absorb(Firm) vce(robust)
* 加入控制变量后的未来一期税收规避回归,与上一步结果对比
reghdfe f. TaxAvoid Treat Post Treat×Post Size Lev Invent   ///
    Intag PPE ROA Roi BM Soe Share Indep NTR i. Year ,absorb(Firm) vce(robust)
```

从表 1-3 所示的结果可以看出，交互项系数在当期不显著，说明政策的实施具有时滞效应。也就是说，相较于非重污染企业，新《环保法》实施后，重污染企业税收规避程度显著提高，验证了假设 H1。下文检验税收规避均为未来一期的指标。

表 1-3　环境规制与税收规避

变量	当期 *TaxAvoid*	未来一期 *TaxAvoid*	未来一期 *TaxAvoid*
Treat	0.004 (0.475)	0.011 (1.236)	0.013 (1.527)
Post	0.006 (0.915)	0.010** (2.109)	−0.024*** (−3.476)
Treat×*Post*	0.005 (1.130)	−0.015*** (−2.923)	−0.011** (−2.307)
控制变量	控制	—	控制

续表

变量	当期 *TaxAvoid*	未来一期 *TaxAvoid*	未来一期 *TaxAvoid*
常数项	0.226*** (7.305)	0.195*** (44.082)	0.056* (1.821)
Firm/*Year*	控制	控制	控制
样本量	14511	14511	14511
$Adj.R^2$	0.102	0.011	0.036

注：括号内为 *t* 值；***、**、*分别表示1%、5%、10%的显著性水平；系数的标准误为异方差稳健标准误。

3. 影响机制检验

```
reghdfe SA Treat Post Treat×Post Size Lev Invent    ///
    Intag PPE ROA Roi BM Soe Share Indep NTR i. Year , absorb(Firm) vce(robust)
reghdfe Z Treat Post Treat×Post Size Lev Invent    ///
    Intag PPE ROA Roi BM Soe Share Indep NTR i. Year , absorb(Firm) vce(robust)
reghdfe OR Treat Post Treat×Post Size Lev Invent    ///
    Intag PPE ROA Roi BM Soe Share Indep NTR i. Year , absorb(Firm) vce(robust)
```

使用*SA*指数和*Z*值衡量融资约束程度，采用连续三年总资产收益率的滚动标准差衡量企业的经营风险。表1-4中影响机制检验的结果表明，环境规制会增加企业的融资约束程度和经营风险。而以往的研究表明，税收规避是缓解融资约束和经营风险的有效措施。因此，融资约束程度和经营风险在环境规制与税收规避之间存在中介效应。

表1-4　影响机制检验

变量	(1) *SA* 指数	(2) *Z* 得分	(3) 经营风险
Treat	0.020 (0.804)	0.183 (0.463)	−0.009 (−1.497)
Post	−0.102*** (−8.367)	1.997*** (5.889)	−0.014*** (−2.798)
Treat×*Post*	0.054*** (5.082)	−0.409* (−1.756)	0.010*** (2.768)
控制变量	控制	控制	控制
常数项	3.056*** (61.910)	26.925*** (14.311)	0.068*** (3.286)

续表

变量	(1) SA 指数	(2) Z 得分	(3) 经营风险
Firm/Year	控制	控制	控制
样本量	14511	14511	13644
$Adj.R^2$	0.329	0.383	0.045

注：括号内为 t 值；***、**、* 分别表示 1%、5%、10%的显著性水平；系数的标准误为异方差稳健标准误。

（五）进一步研究

1. 融资约束的异质性

```
*按现金持有量分组回归
sum Cash, meanonly
scalar mean_Cash = r(mean)
reghdfe f. TaxAvoid Treat Post Treat×Post Size Lev Invent    ///
    Intag PPE ROA Roi BM Soe Share Indep NTR i. Year    ///
    if Cash<=mean_Cash ,absorb(Firm) vce(robust)
reghdfe f. TaxAvoid Treat Post Treat×Post Size Lev Invent    ///
    Intag PPE ROA Roi BM Soe Share Indep NTR i. Year    ///
    if Cash>mean_Cash ,absorb(Firm) vce(robust)
*按股利支付率分组回归
sum Dividend, meanonly
scalar mean_Dividend = r(mean)
reghdfe f. TaxAvoid Treat Post Treat×Post Size Lev Invent    ///
    Intag PPE ROA Roi BM Soe Share Indep NTR i. Year if    ///
    Dividend<=mean_Dividend,absorb(Firm) vce(robust)
estimates store m9
reghdfe f. TaxAvoid Treat Post Treat×Post Size Lev Invent    ///
    Intag PPE ROA Roi BM Soe Share Indep NTR i. Year if    ///
    Dividend>mean_Dividend,absorb(Firm) vce(robust)
```

使用现金持有量和股利支付率来衡量融资约束。以上述指标的均值划分样本，结果见表 1-5。这表明融资困难的企业更倾向于利用税收规避应对环境规制带来的不利影响，假设 H2 成立。

表 1-5 不同融资难度的企业间的差异

变量	现金持有量		股利支付率	
	(1)	(2)	(3)	(4)
	少	多	低	高
Treat	0.205***	−0.434***	0.010	0.011
	(2.600)	(−7.507)	(0.946)	(0.754)
Post	−0.033***	−0.005	−0.015	−0.027**
	(−3.098)	(−0.484)	(−1.580)	(−2.363)
Treat×*Post*	−0.015**	−0.000	−0.013**	−0.004
	(−2.156)	(−0.022)	(−1.966)	(−0.466)
控制变量	控制	控制	控制	控制
常数项	−0.167**	0.504***	0.094**	0.049
	(−2.054)	(7.902)	(2.564)	(0.847)
Firm/*Year*	控制	控制	控制	控制
样本量	8988	5523	8736	5775
$Adj.R^2$	0.053	0.065	0.033	0.040

注：括号内为 t 值；***、**、*分别表示1%、5%、10%的显著性水平；系数的标准误为异方差稳健标准误。

2. 经营风险的异质性

```
*经营杠杆系数
sum OL, meanonly
scalar mean_OL = r(mean)
reghdfe f.TaxAvoid Treat Post Treat×Post Size Lev Invent    ///
    Intag PPE ROA Roi BM Soe Share Indep NTR i.Year if    ///
    OL<=mean_OL  , absorb(Firm) vce(robust)
reghdfe f.TaxAvoid Treat Post Treat×Post Size Lev Invent    ///
    Intag PPE ROA Roi BM Soe Share Indep NTR i.Year if    ///
    OL>mean_OL  , absorb(Firm) vce(robust)
*总资产收益率
sum ROA, meanonly
scalar mean_ROA = r(mean)
reghdfe f.TaxAvoid Treat Post Treat×Post Size Lev Invent    ///
    Intag PPE ROA Roi BM Soe Share Indep NTR i.Year if    ///
    ROA<=mean_ROA, absorb(Firm) vce(robust)
reghdfe f.TaxAvoid Treat Post Treat×Post Size Lev Invent    ///
```

```
    Intag PPE ROA Roi BM Soe Share Indep NTR i. Year if    ///
    ROA>mean_ROA, absorb(Firm) vce(robust)
 * 营业利润率
sum OP, meanonly
scalar mean_OP = r(mean)
reghdfe f. TaxAvoid Treat Post Treat×Post Size Lev Invent    ///
    Intag PPE ROA Roi BM Soe Share Indep NTR i. Year    ///
    if OP<=mean_OP , absorb(Firm) vce(robust)
reghdfe f. TaxAvoid Treat Post Treat×Post Size Lev Invent    ///
    Intag PPE ROA Roi BM Soe Share Indep NTR i. Year if    ///
    OP>mean_OP , absorb(Firm) vce(robust)
```

采用经营杠杆系数、总资产收益率以及营业利润率三个指标衡量经营风险。以上述指标的均值划分样本，结果见表 1-6。这表明新《环保法》的实施对税收规避的影响只在高经营杠杆系数、低总资产收益率、低营业利润率的企业中显著，即经营风险较大时，环境规制与税收规避之间的关系更强，假设 H3 成立。

表 1-6 不同经营压力的企业间的差异

变量	经营杠杆系数		总资产收益率		营业利润率	
	(1)	(2)	(3)	(4)	(5)	(6)
	高	低	低	高	低	高
Treat	0.008	0.001	0.028**	−0.012	0.008	0.003
	(0.405)	(0.157)	(2.316)	(−1.265)	(0.790)	(0.248)
Post	−0.040***	−0.013*	−0.028***	−0.012	−0.046***	−0.003
	(−2.709)	(−1.679)	(−2.670)	(−1.436)	(−4.857)	(−0.328)
Treat×*Post*	−0.027***	−0.001	−0.015*	−0.004	−0.013*	−0.005
	(−2.669)	(−0.191)	(−1.896)	(−0.684)	(−1.879)	(−0.815)
控制变量	控制	控制	控制	控制	控制	控制
常数项	−0.047	0.100***	−0.004	0.087**	0.010	0.070
	(−0.654)	(2.644)	(−0.080)	(2.012)	(0.221)	(1.500)
Firm/*Year*	控制	控制	控制	控制	控制	控制
样本量	4996	9515	8569	5942	9023	5488
$Adj.R^2$	0.038	0.033	0.024	0.031	0.036	0.033

注：括号内为 *t* 值；***、**、*分别表示 1%、5%、10%的显著性水平；系数的标准误为异方差稳健标准误。

3. 经济后果研究

```
* 企业绩效模型
reghdfe f. FP1 Treat Post Treat×Post Size Lev Invent    ///
    Intag PPE ROA Roi BM Soe Share Indep NTR i. Year , absorb(Firm) vce(robust)
reghdfe f. FP1 f. TaxAvoid Treat Post Treat×Post Size Lev Invent    ///
    Intag PPE ROA Roi BM Soe Share Indep NTR i. Year , absorb(Firm) vce(robust)
reghdfe f. f. FP1 Treat Post Treat×Post Size Lev Invent    ///
    Intag PPE ROA Roi BM Soe Share Indep NTR i. Year , absorb(Firm) vce(robust)
reghdfe f. f. FP1 f. TaxAvoid Treat Post Treat×Post Size Lev Invent    ///
    Intag PPE ROA Roi BM Soe Share Indep NTR i. Year , absorb(Firm) vce(robust)
* 企业价值的模型
reghdfe f. FP2 Treat Post Treat×Post Size Lev Invent    ///
    Intag PPE ROA Roi BM Soe Share Indep NTR i. Year , absorb(Firm) vce(robust)
reghdfe f. FP2 f. TaxAvoid Treat Post Treat×Post Size Lev Invent    ///
    Intag PPE ROA Roi BM Soe Share Indep NTR i. Year , absorb(Firm) vce(robust)
reghdfe f. f. FP2 Treat Post Treat×Post Size Lev Invent    ///
    Intag PPE ROA Roi BM Soe Share Indep NTR i. Year , absorb(Firm) vce(robust)
reghdfe f. f. FP2 f. TaxAvoid Treat Post Treat×Post Size Lev Invent    ///
    Intag PPE ROA Roi BM Soe Share Indep NTR i. Year , absorb(Firm) vce(robust)
```

环境规制会导致融资约束和经营风险，那么税收规避是否可以降低环境规制导致的消极影响，提高企业绩效？为此构建了模型（2）和模型（3），如下所示。若模型（3）中的交互项与模型（2）相比产生了差异，则表明税收规避有助于降低环境规制的影响，从而提升企业绩效。

$$Perform=\beta_0+\beta_1 Treat+\beta_2 Post+\beta_3 Treat\times Post+\beta_4 Size+\beta_5 Lev+\beta_6 Invent+\beta_7 Intag+\beta_8 PPE+\beta_9 ROA+\beta_{10} ROI+\beta_{11} BM+\beta_{12} Soe+\beta_{13} Share+\beta_{14} Indep+\beta_{15} NTR+Firm+Year+\varepsilon \quad \text{模型 (2)}$$

$$Perform=\lambda_0+\lambda_1 TaxAvoid+\lambda_2 Treat+\lambda_3 Post+\lambda_4 Treat\times Post+\lambda_5 Size+\lambda_6 Lev+\lambda_7 Invent+\lambda_8 Intag+\lambda_9 PPE+\lambda_{10} ROA+\lambda_{11} ROI+\lambda_{12} BM+\lambda_{13} Soe+\lambda_{14} Share+\lambda_{15} Indep+\lambda_{16} NTR+Firm+Year+\varepsilon \quad \text{模型 (3)}$$

其中，*Perform* 表示绩效，从财务业绩和企业价值两个方面进行衡量。模型（2）和模型（3）的回归结果见表 1-7 和表 1-8。表 1-7 列（1）、列（3）中交互项的系数显著为正；列（2）、列（4）交互项的系数和显著性均下降，且 *TaxAvoid* 的系数明显，表明存在中介效应。表 1-8 同理。因此，新《环保法》的实施，税收规避确实可以有效缓解环境规制带来的不利冲击，有助于提升绩效和企业价值。

表 1-7　环境规制、税收规避与财务业绩

变量	财务业绩		财务业绩	
	(1)	(2)	(3)	(4)
	未来一期	未来一期	未来二期	未来二期
TaxAvoid	—	−0.076***	—	−0.028***
	—	(−23.586)	—	(−7.190)
Treat	−0.003	−0.002	−0.001	−0.001
	(−1.368)	(−0.976)	(−0.207)	(−0.221)
Post	0.000	−0.002	0.004	0.004
	(0.139)	(−0.780)	(1.501)	(1.341)
Treat×*Post*	0.005***	0.004***	0.008***	0.008***
	(3.420)	(2.939)	(3.344)	(3.329)
控制变量	控制	控制	控制	控制
常数项	0.100***	0.104***	0.160***	0.163***
	(10.527)	(11.125)	(10.678)	(10.891)
Firm/*Year*	控制	控制	控制	控制
样本量	14511	14511	10671	10671
$Adj.R^2$	0.204	0.252	0.036	0.042

注：括号内为 t 值；***、**、* 分别表示 1%、5%、10%的显著性水平；系数的标准误为异方差稳健标准误。

表 1-8　环境规制、税收规避与企业价值

变量	企业价值		企业价值	
	(1)	(2)	(3)	(4)
	未来一期	未来一期	未来二期	未来二期
TaxAvoid	—	−0.178**	—	−0.280***
		(−2.203)	—	(−2.980)
Treat	−0.036	−0.034	−0.143**	−0.140**
	(−0.550)	(−0.515)	(−2.192)	(−2.148)
Post	0.773***	0.769***	0.661***	0.656***
	(14.749)	(14.632)	(10.000)	(9.936)
Treat×*Post*	0.094**	0.092**	0.100**	0.098**
	(2.526)	(2.468)	(2.086)	(2.039)
控制变量	控制	控制	控制	控制

续表

变量	企业价值		企业价值	
	(1)	(2)	(3)	(4)
	未来一期	未来一期	未来二期	未来二期
常数项	3.414***	3.424***	3.640***	3.661***
	(13.865)	(13.895)	(11.836)	(11.896)
Firm/Year	控制	控制	控制	控制
样本量	14511	14511	12821	12821
$Adj.R^2$	0.334	0.335	0.268	0.269

注：括号内为 t 值；***、**、*分别表示1%、5%、10%的显著性水平；系数的标准误为异方差稳健标准误。

（六）结论与启示

研究表明，环境规制对提高税收规避程度的作用是显著的。新《环保法》实施后，重污染企业的税收规避程度更高。环境规制提高了融资约束和经营风险，促使管理层通过税收规避加以应对。环境规制与税收规避的正向关系在融资约束和经营风险高的企业中显著。新《环保法》实施后，税收规避是缓解环境规制不利影响的有效措施。从政府层面来看，第一，充分考虑环境规制在短期内给企业经营带来的负面影响，把握好政策实施的力度和节奏；第二，从结构上优化减税降费政策，为企业环境治理行为提供税收支持。从企业层面来看，企业在环境治理过程中应采取措施平衡好社会公众与其他利益相关者的利益，同时也应当加强环境信息披露，获取资本市场的长效支持。

第三节　本章小结

本章简要介绍了会计学研究中的主流方法，包括分析性研究和经验性研究。分析性研究是一种基于理论框架和逻辑推理的研究方法，旨在通过概念分析和理论探讨来解释现象、揭示规律。它强调对问题的理论分析和逻辑推理，通过深入的概念分析和理论探讨来揭示问题的本质和内在机制。经验性研究是一种基于实证数据和实践经验的研究方法，旨在描述、解释或预测现象，并通过实证分析验证理论假设或检验研究假设。与分析性研究不同，经验性研究强调对实际现象的观察和测量，以数据为基础进行实证分析和验证，可以是定性的也可以是定量的。而无论是实证研究还是规范研究，均可采用分析性研究方法及经验性研究方法。同理，不论是分析性研究还是经验性研究，都可以回答实证研究和规范研究等命题。

延伸阅读

分析性会计研究在中国的发展举步维艰，甚至仍处于起步状态，即便如此，仍然有一些珍贵的研究成果。为了方便读者更好地学习了解分析性会计，现将一些研究成果的重要教材、专著整理成表，供读者学习。

书名	作者	年份	出版社
Managerial Uses of Accounting Information	Demski，J. S.	1994、2008	Springer
Accounting Theory：An Information Content Perspective	Christensen，J. A.；Demski，J. S.	2002	McGraw Hill
Economics of Accounting：Volume I：Information in Markets	Christensen，P. O.；Feltham G. A.	2003	Springer
Economics of Accounting：VolumeII：Performance Evaluation	Christensen，P. O.；Feltham G. A.	2005	Springer
会计学理论——信息经济学的革命性突破	洪剑峭、李志文	2004	清华大学出版社
信息含量观中的会计理论	程小可、辛清泉、毛丽娟（译）	2005	中国人民大学出版社
基于会计信息的权益定价研究：线性信息动态过程下的分析	程小可	2010	北京大学出版社

主要参考文献

[1] 晏超. 分析式会计研究 50 年：回顾、框架与展望[J]. 当代会计评论，2019(4)：27-45.

[2] 洪剑峭，李志文. 会计学理论：信息经济学的革命性突破[M]. 北京：清华大学出版社，2004：75-81.

[3] 吴良海，赵文雪，吕丹丽，等. 机构投资者、会计稳健性与企业投资效率——来自中国 A 股市场的经验证据[J]. 南京审计大学学报，2017(2)：11-19，84.

[4] 王琼琼. 企业社会责任履行对审计师决策影响研究[J]. 财会通讯，2022(1)：49-52.

[5] 杨露，江浪，吴良海. 绿色信贷对商业银行经营风险的影响——基于中国建设银行的数据分析[J]. 商业会计，2022(2)：15-23.

[6] 李莉，闫斌，顾春霞. 知识产权保护、信息不对称与高科技企业资本结构[J]. 管理世界，2014(11)：1-9.

[7] 刘志远，官小燕. 环境规制影响企业税收规避吗——基于新《环保法》实施的准自然实验[J]. 审计与经济研究，2024(1)：85-94.

[8] Amihud Y，Haim M. Asset Pricing and the Bid-ask Spread[J]. Journal of Financial Economics，1986(2)：223-249.

[9] Speckbacher G，Wabnegg M. IncentivizingInnovation：The Role of Knowledge Exchange and Distal Search Behavior[J]. Accounting，Organizations and Society，2020.

第二章

横截面数据回归分析

本章导读

本章深入探讨横截面数据分析的关键内容，涵盖数据定义、应用模型、常见回归方法以及检验并处理异方差和自相关问题的有效策略。横截面数据作为研究个体或单位在特定时间点上的观察结果，广泛应用于经济学和社会科学领域，本章通过分析两篇相关论文，揭示其在实证研究中的重要性和应用方法。首先，详细介绍了横截面数据的基本定义及特点、与其他类型数据的区别，以及在研究设计中的优势和限制，并探讨了如何有效利用横截面数据进行模型建立，特别是线性和逻辑回归模型的应用，以揭示变量间的因果关系和预测能力。然后，专注讨论了可能影响横截面数据分析结果的异方差和自相关问题。这些统计问题可能导致估计结果偏误和推断失真，我们详细介绍了如何识别和纠正这些问题，确保研究结论的准确性和稳健性。最后，展示了不同的研究方法、数据处理技术和结果解释。

本章的内容，可帮助读者掌握横截面数据分析的理论基础和实际应用，提升研究设计和数据分析的专业能力，深入探索和解释社会经济现象的本质。

第一节　横截面数据回归分析介绍

一、横截面数据回归分析概念

回归分析是统计学中的一种重要方法，用于研究变量之间的关系。横截面数据是在同一时间点上收集的不同个体或单位的数据，反映了特定时间点上不同个体或单位的特征和状态，而不是同一对象在不同时间点上的变化。例如，在某一年内对一组公司进行调查，收集每个公司的盈余管理和相关特征等资料，通过回归分析，了解哪些因素对盈余管理行为有显著影响。横截面数据广泛应用于经济学、社会学、市场研究和公共卫生等领域。通过分析这些数据，研究人员能够比较不同个体在同一时间点的状态，识别和解释其影响因素。然而，由于缺乏时间维度，横截面数据不能反映个体随时间的变化，在分析因果关系和动态变化等方面存在局限，可能会有混杂变量影响分析结果的准确性，但它通常更易于收集和处理，适用于比较分析和推断不同自变量对因变量的影响。

二、横截面数据回归分析优缺点

横截面数据回归分析具有诸多优点，因此成为广泛应用于研究和实践的重要工具。首先，操作简便，研究人员能够快速获取大量数据进行比较分析，揭示不同个体在同一时间点的差异和共性。其次，相较于长期追踪数据，横截面数据收集成本低，有助于研究人员在短时间内获取实时或特定时间点的信息，从而及时响应变化和需求。此外，由于不涉及时间序列的变化和趋势，数据处理和解释相对简单，所以即使在数据收集和分析能力有限的情况下，研究人员也能进行深入有效的分析。综上所述，横截面数据回归分析不仅能够提供经济高效的数据分析解决方案，还为各学科领域的研究提供了有力的量化分析工具。

横截面数据回归分析虽然在比较分析和初步推断中具有便利性和经济效益，但也存在一些显著的缺点。首先，由于数据仅涵盖单一时间点，研究人员无法跟踪个体随时间的变化和发展，因此无法捕捉到时间序列中的动态趋势和长期影响。这导致在分析因果关系或预测未来变化时存在困难和限制。其次，横截面数据回归分析容易受到未观测到的混杂变量的干扰，这些变量可能掩盖或扭曲自变量与因变量之间的真实关系，从而导致分析结果的不准确性。此外，由于数据仅反映某一时间点的情况，对季节性变动或长期趋势的解释力较弱，可能造成对市场波动或社会变迁的理解不足。最后，在仅依赖单一时间点数据进行决策和政策制定时，需要格外谨慎，以避免因果关系推断错误或决策失误。因此，尽管横截面数据回归分析在简便性和效率上有优势，但研究者和决策者在应用时必须认识到其局限性，在可能的情况下结合其他数据分析方法，以确保研究结论和决策的准确性和可靠性。

三、横截面数据回归分析应用领域

横截面数据回归分析在会计领域的应用也十分广泛，主要用于比较不同公司或行业在同一时间点的财务数据，并揭示其背后的经济和管理因素。例如，会计研究人员可以利用横截面数据回归分析来探索公司规模、行业类型、财务结构等因素对财务绩效的影响。这种分析有助于研究人员理解财务表现的差异，如利润率、资产利用率、偿债能力等，进而评估公司的经营效率和风险管理水平。横截面数据回归分析也常用于财务报告质量的研究中。通过比较不同公司在同一时间点的财务报表数据，探讨会计准则遵守度、财务披露透明度等因素对财务报告质量的影响。这样有助于揭示财务报表的真实性和信息内容的变化，对于投资者和审计师评估财务报告的可靠性和透明度至关重要。横截面数据回归分析在审计实践中也具有重要作用。审计师可以利用此方法比较不同公司在同一时间点的财务数据，识别潜在的财务风险和异常情况，从而有针对性地设计审计程序，提高审计效率和准确性、保护投资者利益、维护市场秩序。总之，横截面数据回归分析在会计领域的应用不仅有助于理解企业财务表现的驱动因素和差异，还为财务报告质量评估和审计风险识别提供了强大的数据支持和分析工具。

第二节 横截面数据回归模型

一、线性回归模型（Linear Regression Model）

多元线性回归模型用于研究一个因变量与多个自变量之间的线性关系，在经济问题中特别有用。例如，家庭的消费支出不仅取决于其可支配收入，还可能受家庭财富、物价水平等因素的影响。多元线性回归模型的基本形式可以表示为：

$$Y_i = \beta_0 + \beta_1 X_{1i} + \beta_2 X_{2i} + \cdots + \beta_k X_{ki} + \varepsilon_i \tag{2-1}$$

其中，Y_i 是因变量；X_{1i}，X_{2i}，…，X_{ki} 是 k 个自变量；β_0 是回归常数；β_1，β_2，…，β_k 是回归系数；ε_i 是随机误差项。

二、广义线性回归模型（Generalized Linear Model）

广义线性回归模型（GLM）是一种统计模型，在普通线性回归模型的基础上进行了扩展，允许因变量遵循不同的分布，并通过连接函数将线性预测与因变量的期望值进行关联，旨在克服传统线性回归模型在处理非正态分布和非恒定方差等复杂数据时的局限性。在广义线性模型中，有线性回归模型、Logistic 回归模型、泊松回归模型、Gamma 回归模型、Probit 回归模型、Tobit 回归模型等。本章主要介绍 Probit 回归模型、Tobit 回归模型在会计研究中的应用。

1. Probit 回归模型

用于研究因变量 Y（通常是一个二分类变量，取值 0 或 1）与自变量 X（可以是定类或定量变量）之间的关系。该模型假设因变量的取值概率依赖于自变量，并通过标准正态分布的累积分布函数来描述这种依赖关系，Probit 模型的假设随机变量服从正态分布。

在一个二元模型上，即 $Y_i \in \{0,1\}$，模型形式为：

$$Y_i^* = \beta_0 + \beta_1 X_1 + \beta_2 X_2 + \cdots + \beta_k X_k + \varepsilon \tag{2-2}$$

$$Y_i = \begin{cases} 1, & Y_i^* > 0 \\ 0, & Y_i^* \leqslant 0 \end{cases}$$

2. Tobit 回归模型

Tobit 回归模型是一种线性回归模型，它的特点在于其因变量存在着截断现象。截断指的是某些观测值由于被限制在特定区间内而无法被测量或观察到。Tobit 回归模型可以将截断的数据处理为概率模型，使得对这些数据进行统计分析成为可能。在 Tobit 回归模型中，因变量通常被假设为连续变量，并被截断在某个区间内，比如截断在 0 和正无穷大之间，因此，被广泛应用于经济学领域。标准的 Tobit 模型可以用公式来表示，即：

$$Y_i^* = \beta_0 + \beta_1 X_1 + \beta_2 X_2 + \cdots + \beta_k X_k + \varepsilon_i \tag{2-3}$$

但是，我们实际观察到的因变量 Y_i 是 Y_i^* 的截取版本，即：

$$Y_i = \begin{cases} Y_i^*, & c_1 \leqslant Y_i^* \leqslant c_2 \\ c_1, & Y_i^* < c_1 \\ c_2, & Y_i^* > c_2 \end{cases}$$

其中，c_1 和 c_2 是截取点。在最常见的情况下，我们只考虑下截取点，即 c_1 是一个正数（比如 0），而 c_2 通常是正无穷大，这表明 Y_i 只能是非负的。

第三节 横截面数据回归分析方法

一、普通最小二乘法（OLS）

在截面数据分析中，最常用的回归分析方法是最小二乘法。普通最小二乘法（Ordinary Least Squares，OLS）是一种用于估计线性回归模型参数的统计方法。它的基本原理是，通过最小化观测值的残差平方和来确定最优的回归系数估计值。这样的回归方程可以用来描述自变量对因变量的影响程度。

给定一个线性回归模型：

$$Y = \beta_0 + \beta_1 X_1 + \beta_2 X_2 + \cdots + \beta_k X_k + \varepsilon_i \tag{2-4}$$

其中，Y 是因变量（或响应变量）的观测值；X_1，X_2，…，X_k 是自变量（或解释变量）的观测值；β_0，β_1，…，β_k 是回归系数，表示自变量对因变量的影响；ε_i 是误差项，表示未被模型解释的随机误差。

OLS 方法的目标是找到回归系数 β_0，β_1，…，β_k，使得残差平方和最小。OLS 估计量具有以下特性：(1) 无偏性，当模型中的假设条件成立时，OLS 估计量是参数的无偏估计，即期望值等于真实参数值；(2) 最小方差，在所有无偏估计中，OLS 估计量具有最小的方差，这使得它在样本足够大时是最有效的估计方法；(3) 一致性，随着样本容量的增加，OLS 估计量趋于真实参数值，即具有一致性。

二、广义最小二乘法（GLS）

普通最小二乘法假设误差项 ε_i 是独立同分布的，且具有恒定的方差 σ^2，即 $Var(\varepsilon_i) = \sigma^2$。然而，实际数据中的误差往往不满足这些假设，可能存在异方差性（不同观测值的误差方差不同）和自相关性（误差项之间存在相关性）。广义最小二乘法（GLS）是普通最小二乘法（OLS）的一种推广，特别适合处理数据存在异方差性和相关性的情况。广义最小二乘法通过对误差项的协方差结构进行建模，提高了参数估计的效率和准确性，估计步骤如下。

(1) 设定协方差结构：根据数据特点选择合适的协方差矩阵形式，常见的有对角矩阵（反映异方差性）、自相关结构（考虑误差项间的相关性）等。

(2) 估计协方差参数：利用协方差结构，估计误差项的方差和相关性参数。

(3) 计算广义最小二乘估计量：根据估计的协方差参数，求解回归系数 β 的估计值。利用最大似然估计（MLE）或广义最小二乘估计（GLS）进行计算是最常见的方法。

三、加权最小二乘法（WLS）

普通最小二乘法假设所有观测误差的方差相等，即 $Var(\varepsilon_i)=\sigma^2$。然而，在实际数据中，观测值的误差方差可能存在差异，即异方差性。加权最小二乘法主要用于处理因变量观测误差具有异方差性的情况。通过为每个观测值赋予适当的权重，并根据方差的倒数进行加权，来处理异方差性，从而提高参数估计的有效性和精确性。

为了应对异方差性，加权最小二乘法引入了一个权重矩阵 $\boldsymbol{W}$，使误差项的协方差矩阵 $\boldsymbol{\Omega}$ 可以表示为 $\boldsymbol{\Omega}=\boldsymbol{W}-1$，其中，$\boldsymbol{W}$ 是一个对角矩阵，对角线上的元素 W_i 反映了第 i 个观测值方差的倒数。加权最小二乘法通过最小化加权残差平方和来估计参数 β，即 $\hat{\beta}_{\mathrm{WLS}}=(X'WX)^{-1}X'W_y$。

其中，$\hat{\beta}_{WLS}$ 是加权最小二乘法下的回归系数估计量，$\boldsymbol{W}$ 是根据异方差性假设设定的权重矩阵。

综上，对于横截面数据分析，普通最小二乘法（OLS）是首选方法。如果数据确实显示出了异方差或者其他复杂的误差结构，可以先进行检验和诊断，然后考虑使用乘法异方差线性回归法。同时，只有在确认数据显示出明显的异方差性时，才考虑使用加权最小二乘法来调整每个观测值的权重，从而更准确地估计参数。

```
regress Y X1 X2 ...... Xi                  //普通最小二乘法回归
hetregressY X1 X2 ...... Xi , het(X1)      //乘法异方差线性回归,假设异方差与 X1 相关
regress Y X1 X2 ...... Xi [aweight=weights]   //加权最小二乘法,weights 为含变量权重
```

第四节 横截面数据回归分析出现的问题

一、异方差问题

（一）概念

进行异方差检验的主要原因是确保线性回归模型中的误差项满足同方差性假设。同方差性假设要求误差项的方差在所有自变量值下保持一致。如果数据中存在异方差性，即误差项的方差与自变量的取值相关或不恒定，可能会导致以下四种问题：①无效的参数估计，OLS 回归模型假设同方差性，当数据存在异方差性时，OLS 估计的标准误可能被低估或高估，导致参数估计的显著性检验不准确。②失真的显著性检验，由于标准误的不准确性，参数的 t 统计量可能产生错误的显著性结论。③置信区间的扭曲，异方差性可能导致参数估计的置信区间过窄或过宽，影响对参数真实范围的理解。④预测的不准确性，异方差性可能影响回归模型的预测能力，使得对因变量的预测不准确或不可靠。

（二）检验方法

1. 怀特检验（White test）

怀特检验是一种被广泛使用的异方差检验方法，主要用于大样本和多元回归模型。它基于对残差的二次项或交叉项进行回归，来检验残差是否与自变量之间存在相关性，从而推断是否存在异方差性。通常情况下，如果 p 值小于显著性水平（例如 0.05），则可以拒绝同方差的假设，认为存在异方差性。在 Stata 中进行怀特检验的命令是：

```
regress Y X1 X2 …… Xi          //拟合线性回归模型
estat imtest, white          //进行 White 异方差检验
```

2. 布罗施-帕甘检验（Breusch-Pagan test）

布罗施-帕甘检验是一种广泛应用于截面数据的异方差检验方法，基于残差的平方与自变量的回归。检验的原假设是误差项的方差在所有观测值上是恒定的，备择假设是存在异方差性。如果 Prob＞chi2 小于选择的显著性水平（通常是 0.05），则可以拒绝同方差的假设，认为存在异方差性。在 Stata 中进行布罗施-帕甘检验的命令是：

```
regress Y X1 X2 …… Xi     // 拟合线性回归模型
estat hettest             // 执行布罗施-帕甘(Breusch-pagan)检验
```

3. 帕克-比格斯检验（Park test）

帕克-比格斯检验是一种基于广义线性模型的异方差检验方法，适用于截面数据分析中的非线性异方差结构。它是基于 Breusch-Pagan 检验的一种改进方法，特别适合具有大样本量和弱异方差性的情况。帕克-比格斯检验的基本思想是，通过对回归残差的平方项与自变量回归的特殊方式，来检验异方差性的存在。在 Stata 中进行帕克-比格斯检验的完整命令示例如下。

```
sysuse auto
regress price mpg weight
predict e, resid
gen e2 = e^2
gen lne2 = ln(e2)
regress lne2 mpg   // Park 检验(检验异方差是否与 mpg 相关)
```

（三）处理方法

1. 稳健标准误（Robust Standard Errors）

稳健标准误是一种在存在异方差情况下提供有效统计推断的方法。它通过修正标准误差，使标准误差不依赖于误差项的同方差性假设。在 Stata 中，可以在回归命令中加入 robust 选项来计算稳健标准误。

```
regress Y X1 X2 …… Xi, vce(robust)          //稳健标准误回归
```

2. 加权最小二乘法（Weighted Least Squares，WLS）

加权最小二乘法是通过对不同观测值赋予不同的权重来调整回归模型，从而处理异方差问题。通常，可以将方差的估计量作为权重来拟合加权最小二乘模型。除了加权最小二乘法外，还可以考虑使用一些专门针对异方差问题的估计方

法，如聚类方差协方差估计最小二乘法，来达到更好地处理异方差的目的。

```
regress Y X1 X2 …… Xi , vce(cluster)                    //广义最小二乘法回归
regress Y X1 X2 …… Xi [aweight=weights]  //加权最小二乘法,weights 为含变量权重
```

二、多重共线性

（一）概念

进行多重共线性检验的主要原因是确保线性回归模型中的自变量之间没有过高的相关性。多重共线性指的是自变量之间存在强烈的线性关系，这种情况可能会引发参数估计不稳定、参数估计的显著性、模型解释能力下降、预测精度降低等问题。

（二）检验方法

1. 相关系数检验

最简单的方法是计算自变量之间的皮尔逊相关系数或斯皮尔曼等级相关系数。当自变量之间的相关系数接近于 1 或 −1 时，通常意味着可能存在多重共线性问题。

```
pwcorr_a Y X1 X2 …… Xi                //皮尔逊相关系数
spearman Y X1 X2 …… Xi           //斯皮尔曼等级相关系数
```

2. 方差膨胀因子（*VIF*）检验法

方差膨胀因子检验法是一种量化多重共线性的方法，用于评估每个自变量与其他自变量之间的线性相关性。一般来说，如果某个自变量的 *VIF* 大于 10 或者 5，就可能存在多重共线性问题。在 Stata 中计算每个自变量的 *VIF* 值代码。

```
regress Y X1 X2 …… Xi
vif                                        //计算方差膨胀因子
```

（三）处理方法

1. 删除相关性较高的变量

使用 *VIF* 识别高共线性变量：根据输出的 *VIF* 值，删除那些 *VIF* 值显著高于 10（或 5）的变量，重新拟合模型，检查 *VIF* 值的变化。

2. 变量缩减

主成分分析（PCA）：通过主成分分析，将高度相关的自变量转换为一组不相关的主成分，然后将这些主成分作为新的自变量。

```
pca   X1   X2   X3
predict   pc1   pc2   pc3, score
regress Y   pc1   pc2   pc3                 //使用 PCA 进行主成分分析
```

3. 使用稳健标准误

稳健标准误：即使存在多重共线性，使用稳健标准误可以提高回归系数估计的准确性。

```
regress y x1 x2 x3, robust        //稳健标准误
```

第五节 横截面数据回归分析方法的应用

本节以两篇论文——《税收征管、财政压力与企业融资约束》（刘文超，2018）和《控股股东股权质押与上市公司股份回购政策选择》（王国俊等，2021），对横截面数据回归分析方法的应用进行说明。

一、应用一：《税收征管、财政压力与企业融资约束》一文

税务部门在税收征管过程中的弹性会增加行政负担，进而影响企业的实际税负、现金流和融资条件。该文基于世界银行的中国企业调查数据，通过分析企业税务检查信息，探讨了税收征管活动对企业融资约束的影响，并考查了地方政府财政压力在其中的作用。研究结果表明，税收征管活动增加了企业的融资困难，然而，法治环境的改善可以有效减轻这一负面影响。地方政府财政盈余水平较低时，企业遭遇税务检查的概率和频率也较高。进一步分析显示，税收征管活动对民营企业的融资约束有显著影响，增加了企业的主观税负和非正规支出。该文为深入理解税收征管对企业经营的影响提供了微观层面的证据，也为税收制度改革、地方税体系完善和税收征管规范化提供了政策建议。

（一）研究假设

H1：税收征管活动所产生的“征税效应”将加剧企业融资约束。

H2：税收征管对企业融资约束的影响在法治环境较好的地区更弱。

H3：前一年地方财政盈余水平越低，企业当年面临的税收征管活动强度越大。

（二）研究设计

该文的研究数据来源于世界银行进行的中国企业调查，包括 2700 家民营企业和 148 家国有企业，总共覆盖了 2848 家企业。构建如下回归方程，以检验税收征管对企业融资约束的影响。

$$atfi=\alpha_1 tm_i+\alpha_2 Controls_i+\sum\phi_j Industry_i+\varepsilon_i \tag{2-5}$$

其中，被解释变量 atf 表示企业融资约束，解释变量 tm 反映了企业所面临

的税收征管活动强度。

（三）实证研究

```
****** 表 1 ****** 税收征管对企业融资约束的影响:初步证据
xi:reg atf tm1 auditor soe commerce export competition number lnage size court business
industry* , robust
est store m1
xi:oprobit atf tm1 auditor soe commerce export competition number lnage size court business
industry* , robust
est store m2
xi:reg atf tm2 auditor soe commerce export competition number lnage size court business
industry* , robust
est store m3
xi:oprobit atf tm2 auditor soe commerce export competition number lnage size court business
industry* , robust
est store m4
outreg2 m1 m2 m3 m4 using shift, dec(4) word replace

****** 表 2 ****** 税收征管对企业融资约束的影响:2SLS 估计
****** 输出 2SLS 第一阶段结果
xi:ivreg2 atf auditor soe commerce export competition number lnage size court business
industry* (tm1=tm1_iv), robust save first
xi:ivreg2 atf auditor soe commerce export competition number lnage size court business
industry* (tm2=tm2_iv), robust save first
est tab _ivreg2_tm1 _ivreg2_tm2 using shift.rtf, star( * 0.1 ** 0.05 *** 0.01) replace b(4) se
(4)
****** 输出 2SLS 第二阶段结果
xi:ivreg2 atf auditor soe commerce export competition number lnage size court business
industry* (tm1=tm1_iv), first robust
est store m1
xi:ivreg2 atf auditor soe commerce export competition number lnage size court business
industry* (tm2=tm2_iv), first robust
est store m2
outreg2 m1 m2 using shift, dec(4) word replace

****** 表 3 ****** 税收征管对企业融资约束的影响:边际效果
```

```
xi:oprobit atf tm1 auditor soe commerce export competition number lnage size court business
industry* ,robust
margins,dydx( * ) predict(outcome(0)) post
est store m1
xi:oprobit atf tm1 auditor soe commerce export competition number lnage size court business
industry* ,robust
margins,dydx( * ) predict(outcome(1)) post
est store m2
xi:oprobit atf tm1 auditor soe commerce export competition number lnage size court business
industry* ,robust
margins,dydx( * ) predict(outcome(2)) post
est store m3
xi:oprobit atf tm1 auditor soe commerce export competition number lnage size court business
industry* ,robust
margins,dydx( * ) predict(outcome(3)) post
est store m4
xi:oprobit atf tm1 auditor soe commerce export competition number lnage size court business
industry* ,robust
margins,dydx( * ) predict(outcome(4)) post
est store m5
outreg2 m1 m2 m3 m4 m5 using shift,dec(4)word replace

****** 表 4 ****** 税收征管对企业融资约束的影响:不同法治环境的比较
xi:oprobit atf c.tm1 ## c.court auditor soe commerce export competition number lnage size
court business industry* ,r
est store m1
xi:oprobit atf c.tm1 ## c.lawdum auditor soe commerce export competition number lnage size
court business industry* ,r
est store m2
xi:oprobit atf c.tm2 ## c.court auditor soe commerce export competition number lnage size
court business industry* ,r
est store m3
xi:oprobit atf c.tm2 ## c.lawdum auditor soe commerce export competition number lnage size
court business industry* ,r
est store m4
outreg2 m1 m2 m3 m4 using shift, word replace dec(4)
```

```
****** 表 5 ****** 地区财政盈余与税收征管
xi:probit tm1 surplus soe export regu lnage size court business industry* ,r
margins,dydx( * ) post
est store m1
xi:reg tm2 surplus soe export regu lnage size court business industry* ,r
est store m2
xi:probit tm1 surplus_r1 soe export regu lnage size court business industry* ,r
margins,dydx( * ) post
est store m3
xi:reg tm2 surplus_r1 soe export regu lnage size court business industry* ,r
est store m4
xi:probit tm1 surplus_r2 soe export regu lnage size court business industry* ,r
margins,dydx( * ) post
est store m5
xi:reg tm2 surplus_r2 soe export regu lnage size court business industry* ,r
est store m6
xi:probit tm1 taxgro soe export regu lnage size court business industry* ,r
margins,dydx( * ) post
est store m7
xi:reg tm2 taxgro soe export regu lnage size court business industry* ,r
est store m8
outreg2 m1 m2 m3 m4 m5 m6 m7 m8 using shift,word replace dec(4)

****** 表 6 ****** 分样本估计:国有企业和民营企业的比较(Ordered Probit)
xi:oprobit atf c. tm1 auditor soe commerce export competition number lnage size court business
industry* if soe==1,robust
est store m1
xi:oprobit atf c. tm2 auditor soe commerce export competition number lnage size court business
industry* if soe==1,robust
est store m2
xi:oprobit atf c. tm1 auditor soe commerce export competition number lnage size court business
industry* if soe==0,robust
est store m3
xi:oprobit atf c. tm2 auditor soe commerce export competition number lnage size court business
industry* if soe==0,robust
est store m4
outreg2 m1 m2 m3 m4 using shift, word replace dec(4)
```

```
****** 表 7 ****** 分样本估计:不同规模企业的比较(Ordered Probit)
xi:oprobit atf c. tm1 auditor soe commerce export competition number lnage size court business industry* if scale==1,robust
est store m1
xi:oprobit atf c. tm2 auditor soe commerce export competition number lnage size court business industry* if scale==1,robust
est store m2
xi:oprobit atf c. tm1 auditor soe commerce export competition number lnage size court business industry* if scale==2,robust
est store m3
xi:oprobit atf c. tm2 auditor soe commerce export competition number lnage size court business industry* if scale==2,robust
est store m4
xi:oprobit atf c. tm1 auditor soe commerce export competition number lnage size court business industry* if scale==3,robust
est store m5
xi:oprobit atf c. tm2 auditor soe commerce export competition number lnage size court business industry* if scale==3,robust
est store m6
outreg2 m1 m2 m3 m4 m5 m6 using shift, word replace dec(4)

****** 表 8 ****** 税收征管对企业主观税负和非正规活动支出的影响
xi:oprobit burden tm1 human soe growth lnage size business law industry* ,r
est store m1
xi:oprobit burden tm2 human soe growth lnage size business law industry* ,r
est store m2
xi: reg rent tm1 competition soe export regu lnage size law industry* gdpper lnpopu cityhum, r
est store m3
xi: reg rent tm2 competition soe export regu lnage size law Iindustry* gdpper lnpopu cityhum, r
est store m4
outreg2 m1 m2 m3 m4 using shift, word replace dec(4)
```

（1）税收征管与企业融资约束关系。

该文使用了 Ordered Probit 模型，对方程（2-5）进行极大似然估计。表 2-1 的结果显示，无论用 $tm1$ 还是 $tm2$ 作为解释变量，税收征管均显著加剧了企业融资约束，这就支持了该文的第一个假设。

表 2-1　税收征管对企业融资约束的影响：初步证据

解释变量	(1) OLS	(2) Ordered Probit	(3) OLS	(4) Ordered Probit
*tm*1	−0.2862*** (0.0348)	−0.3885*** (0.0502)	—	—
*tm*2	—	—	−0.0432*** (0.0109)	−0.0541*** (0.0142)
控制变量	是	是	是	是
观测值	2543	2543	2450	2450
R^2	0.1195	—	0.1066	—
Pseudo R^2	—	0.0550	—	0.0486

注：括号内为回归系数标准误；***、**、*分别表示1%、5%、10%的显著性水平；系数的标准误为异方差稳健标准误。下同。

为缓解内生性偏误，该文利用横截面数据，并采用同一城市中其他企业税收征管强度的平均值作为 *tm*1 和 *tm*2 的工具变量，通过两阶段最小二乘法(2SLS) 进行估计。第一阶段结果［表 2-2 第（1）、（3）列］表明，所选工具变量通过了弱工具变量检验。第二阶段回归结果［表 2-2 第（2）、（4）列］显示，即便考虑了内生性问题，严格的税收征管仍显著加剧了企业的融资约束。

表 2-2　税收征管对企业融资约束的影响：2SLS 估计

解释变量	使用 *tm*1 衡量税收征管强度		使用 *tm*2 衡量税收征管强度	
	(1)	(2)	(3)	(4)
	第一阶段	第二阶段	第一阶段	第二阶段
*tm*1_*iv*	0.9148*** (0.0405)	—	—	—
*tm*1	—	−1.0149*** (0.1009)	—	—
*tm*2_*iv*	—	—	1.0294*** (0.0400)	−0.1701*** (0.0240)
*tm*2	—	—	—	−0.1701*** (0.0240)
控制变量	是	是	是	是
观测值	2543	2543	2543	2450
Centered R^2	0.237	−0.0166	0.2270	0.0411

续表

解释变量	使用 *tm*1 衡量税收征管强度		使用 *tm*2 衡量税收征管强度	
	(1)	(2)	(3)	(4)
	第一阶段	第二阶段	第一阶段	第二阶段
弱工具变量检验	—	453.2550	—	454.2120

(2) 税收征管与企业融资约束的边际效果。

表 2-3 展示了各解释变量对企业融资约束的边际概率影响。数据显示，接受税务检查的企业在融资可得性上面临更大障碍的概率有所增加。

表 2-3 税收征管对企业融资约束的影响：边际效果（Ordered Probit）

解释变量	(1)	(2)	(3)	(4)	(5)
	非常严重	较大障碍	一般障碍	较小障碍	无障碍
*tm*1	0.0071*** (0.0017)	0.0243*** (0.0039)	0.0691*** (0.0091)	0.0407*** (0.0055)	−0.1411*** (0.0178)
Auditor	−0.0028** (0.0011)	−0.0095*** (0.0035)	−0.0270*** (0.0100)	−0.0159*** (0.0057)	0.0552*** (0.0200)
Soe	−0.004 (0.0026)	−0.0013 (0.0090)	−0.0037 (0.00256)	−0.0022 (0.0151)	0.0076 (0.0523)
Commerce	−0.000 (0.0014)	−0.0001 (0.0050)	−0.0002 (0.0142)	−0.0001 (0.0083)	0.0004 (0.0289)
Export	0.0003 (0.0010)	0.0011 (0.0036)	0.0030 (0.0102)	0.0018 (0.0060)	−0.0061 (0.0207)
Competition	0.0052*** (0.012)	0.0179*** (0.0024)	0.0509*** (0.0053)	0.0300*** (0.0036)	−0.1039*** (0.0104)
Number	−0.0001* (0.0001)	−0.0004* (0.0003)	−0.0013* (0.0007)	−0.0008* (0.0004)	0.0026* (0.0014)
lnage	−0.0009 (0.0008)	−0.0030 (0.0028)	−0.0084 (0.0080)	−0.0049 (0.0047)	0.0172 (0.0164)
Size	0.0010*** (0.0003)	0.0034*** (0.0010)	0.0096*** (0.0027)	0.0056*** (0.0016)	−0.0195*** (0.0054)
Court	−0.0049*** (0.0012)	−0.0168*** (0.0027)	−0.0478*** (0.0064)	−0.0282*** (0.0040)	0.0977*** (0.0126)
Business	−0.0055*** (0.0017)	−0.0191*** (0.0047)	0.0543*** (0.0129)	−0.0320*** (0.0077)	0.1110*** (0.0257)

续表

解释变量	(1)	(2)	(3)	(4)	(5)
	非常严重	较大障碍	一般障碍	较小障碍	无障碍
Industry	是	是	是	是	是
观测值	2543	2543	2543	2543	2543

(3) 税收征管、法治环境与企业融资约束。

该文通过在方程中引入交叉项 $tm1\times Lawdum$、$tm2\times Lawdum$ 和 $tm1\times Court$、$tm2\times Court$ 来分析法治环境对税收征管与企业融资约束之间关系的影响。表 2-4 显示，法治环境的改善会减弱税收征管对企业融资约束的负面影响，支持了假说 2。此外，即使考虑变量可能存在的内生性，2SLS 回归结果仍然支持这一结论。

表 2-4 税收征管对企业融资约束的影响：不同法治环境的比较（Ordered Probit）

解释变量	(1)	(2)	(3)	(4)
$tm1$		-0.4556^{***} (0.0711)		
$tm2$	-0.6848^{***} (0.1986)			-0.1076^{***} (0.0243)
$tm1\times Court$			-0.2285^{***} (0.0616)	
$tm1\times Lawdum$	0.1168 (0.0760)	0.1899^{*} (0.0989)		
$tm2\times Court$				
$tm2\times Lawdum$			0.0656^{**} (0.0227)	0.1011^{***} (0.0290)
Court	0.1853^{***} (0.0627)		0.1432^{***} (0.0498)	
Lawdum		-0.2704^{***} (0.0818)		-0.3628^{***} (0.0649)
控制变量	是	是	是	是
观测值	2543	2543	2543	2543

(4) 地区财政盈余与税收征管。

表 2-5 中上年地方财政盈余和税收收入增长率对企业税收征管影响的回归分

析显示，财政盈余越低，企业当年被检查的概率和频率越高，支持了假说 3。此外，滞后两年和三年的平均财政盈余水平同样显著影响税收征管强度，验证了假说 3 的稳健性。

表 2-5 地区财政盈余与税收征管

解释变量	(1)	(2)	(3)	(4)	(5)	(6)	(7)	(8)
	Probit	OLS	Probit	OIS	Probit	OIS	Probit	OLS
	检查概率	检查次数	检查概率	检查次数	检查概率	检查次数	检查概率	检查次数
Surplus	−0.2371*** (0.0400)	−1.1102*** (0.1611)						
Surplus_r1			−0.2729*** (0.0512)	−1.3097*** (0.2108)				
Surplus_r2					0.3133*** (0.0550)	−1.4563*** (0.2211)		
Taxgro							0.04.59 (0.0640)	0.0664 (0.2247)
控制变量	是	是	是	是	是	是	是	是
观测值	2598	2507	2598	2507	2598	2507	2598	2507

注：OIS 为工具变量最小二乘法。

（四）拓展性研究

1. 分样本估计

首先，比较国有和民营企业的情况。总体回归中产权性质对企业融资约束没有明显影响，但税收征管对国有和民营企业的影响可能不同。由于财政补贴和银行优惠贷款对国有企业的支持，其融资能力不易受税收征管的影响，见表 2-6。

表 2-6 分样本估计：国有企业和民营企业的比较（Ordered Probit）

变量	(1) 国有企业	(2) 国有企业	(3) 民营企业	(4) 民营企业
tm1	−0.1688 (0.2227)	—	−0.4018*** (0.0514)	—
tm2		−0.0839 (0.0884)		−0.0545*** (0.0144)

续表

变量	(1) 国有企业	(2) 国有企业	(3) 民营企业	(4) 民营企业
控制变量	是	是	是	是
观测值	117	108	2426	2342

其次，不同规模企业的比较。该文通过对企业规模（小型、中型、大型）进行分析发现，无论企业规模大小，税收征管对融资约束的负面影响均比较显著，见表2-7。

表2-7 分样本估计：不同规模企业的比较（Ordered Probit）

解释变量	(1)	(2)	(3)	(4)	(5)	(6)
	小型企业	小型企业	中型企业	中型企业	大型企业	大型企业
*tm*1	−0.3194*** (0.1036)	—	−0.3075*** (0.0784)	—	−0.5899*** (0.0873)	—
*tm*2	—	−0.0688* (0.0400)	—	−0.0353 (0.0228)	—	−0.0719** (0.0223)
控制变量	是	是	是	是	是	是
观测值	533	520	965	935	1045	955

2. 影响机制检验

前述分析表明，税收征管显著加剧了企业融资约束。为深入探讨具体机制，该文从两个方面进行分析。

(1) 税收征管与主观税负：分析结果显示，税收征管（*tm*1、*tm*2）显著增加了企业的主观税负，说明税收征管对企业运营的负担有明显影响。

(2) 税收征管与非正规活动支出：税收征管的自由裁量权可能促使企业采取非正规方式应对税负。结果表明，税收征管显著增加了企业的非正规活动支出，而法治环境的改善有助于减少这些支出，见表2-8。

表2-8 税收征管对企业主观税负和非正规活动支出的影响

解释变量	(1)	(2)	(3)	(4)
	Ordered Probit	Ordered Probit	OLS	OLS
	税负水平	税负水平	非正规活动支出	非正规活动支出
*tm*1	0.2409*** (0.0492)	—	0.2155 (0.0613)	—

续表

解释变量	(1)	(2)	(3)	(4)
	Ordered Probit	Ordered Probit	OLS	OLS
	税负水平	税负水平	非正规活动支出	非正规活动支出
tm2	—	0.0985** (0.0203)	—	0.0531** (0.0203)
Law	−0.0963** (0.0438)	−0.1178** (0.0452)	−0.1900* (0.0472)	−0.1669** (0.0424)
其他控制变量	是	是	是	是
观测值	2538	2451	1822	1764

二、应用二:《控股股东股权质押与上市公司股份回购政策选择》一文

中国上市公司中“控股股东一股独大”的现象十分普遍，控股股东会利用其控制权影响公司决策，使其符合自身利益。股份回购作为一种市值管理工具，不仅可以提高公司经营绩效和替代现金股利，还能满足控股股东的需求。该文基于2018 年 A 股上市公司的数据，研究发现控股股东股权质押比例与公司股份回购比例呈显著正相关，并且公司账面市值比、现金分红比例和总资产收益率在这一关系中起到中介作用，民营企业更倾向于通过股份回购来缓解控股股东的股权质押风险。

（一）研究假设

H1：控股股东股权质押比例与上市公司累计股份回购比例之间存在显著的正向关联。

H2：控股股东股权质押比例的提升会促使公司增加股份回购的比例。

H3：控股股东股权质押比例的增加会降低公司的现金分红比例，转而提升股份回购的比例。

H4：控股股东股权质押比例的提高会降低公司的资产回报率（ROA），进而促使公司增加股份回购以提振市场表现。

H5：在民营企业中，控股股东股权质押与股份回购之间的正向关系相较于国有企业更为显著。

（二）研究设计

该文使用 2018 年 A 股上市公司的数据，研究控股股东股权质押比例与公司

股份回购的关系，分析产权性质的调节作用，并探讨现金分红、经营绩效和公司估值的中介效应。通过以下模型检验假设 1 和假设 5：

$$REP\_rate = \beta_0 + \beta_1 Pledge + \beta_i \sum Controls + \varepsilon \tag{2-6}$$

其中，REP_rate 表示 2018 年累计回购股数占总股本的比例，$Pledge$ 为 2017 年底控股股东未解押的质押股份占其持股比例。为进一步探讨公司现金分红、经营绩效和公司估值在控股股东股权质押比例对公司股份回购的关系中存在的中介效应，该文构建模型：

$$REP\_rate = \alpha 0 + \alpha 1 Pledge + \alpha i \sum Controls + \varepsilon \tag{A}$$

$$Mi = \beta 0 + \beta 1 Pledge + \beta i \sum Controls + \varepsilon \tag{B}$$

$$REP\_rate = \gamma\gamma + \gamma 1 Pledge + \gamma\gamma Mi + \gamma\gamma i Controls + \varepsilon \tag{C}$$

（三）实证结果与分析

```
****** 表 1 ***** 控股股东股权质押比例对上市公司股份回购比例的影响
xi : reg REP_rate Pledge Cashdiv State BM Size LEV CPS ROA Weight, robust
est store m1
outreg2 m1 using shift, dec(3) word replace

****** 表 2 ***** 控股股东股权质押比例对上市公司股份回购比例的影响按产权性质分组
xi:reg REP_rate Pledge Cashdiv State BM Size LEV CPS ROA Weight if soe==1, robust
est store m1
xi:reg REP_rate Pledge Cashdiv State BM Size LEV CPS ROA Weight if soe==0, robust
est store m2
outreg2 m1 m2 using shift, word replace dec(3)

****** 表 3 ***** 公司估值、总资产收益率和现金分红比例中介检验
xi:reg REP_rate Pledge Cashdiv State BM Size LEV CPS ROA Weight , robust
est store m1
xi:reg Cashdiv Pledge State BM Size LEV CPS ROA Weight , robust
est store m2
medeff (Cashdiv = Pledge State BM Size LEV CPS ROA Weight i. Industry) (IFrep = Pledge
Cashdiv State BM Size LEV CPS ROA Weight i. Industry), sobel
xi:reg ROA Cashdiv Pledge State BM Size LEV CPS Weight , robust
est store m3
medeff (ROA = Pledge Cashdiv State BM Size LEV CPS ROA Weight i. Industry) (IFrep =
Pledge Cashdiv State BM Size LEV CPS ROA Weight i. Industry), sobel
xi:reg BM Cashdiv Pledge State Size LEV CPS ROA Weight , robust
est store m4
```

```
medeff (BM = Pledge Cashdiv State Size LEV CPS ROA Weight i. Industry) (IFrep = Pledge
Cashdiv State BM Size LEV CPS ROA Weight i. Industry), sobel
xi:reg REP_rate Pledge Cashdiv State BM Size LEV CPS ROA Weight ,robust
est store m5
xi:reg REP_rate Pledge ROA Cashdiv State BM  Size LEV CPS Weight ,robust
est store m7
xi:reg REP_rate Pledge BM ROA Cashdiv State Size LEV CPS Weight ,robust
est store m7
outreg2 m1 m2 m3 m4 m5 m6 m7 using shift, word replace dec(3)
```

表 2-9 的回归结果表明，股权质押比例的提高推动了股份回购。股份回购有助于缓解控股股东股权质押带来的风险。

表 2-9　控股股东股权质押比例与公司累计股份回购比例

变量	模型（1）		
	系数	t 值	
Pledge	0.002***	—	7.74
Controls	—	是	—
Industry	—	是	—
Constant	0.033	—	0.48
Observa tions *R-squared*	2908 0.055	—	—

注：***、**、* 分别表示 1%、5%、10%的显著性水平。

根据表 2-10 的分组回归结果，民营企业中控股股东股权质押比例与股份回购比例呈显著正相关，而国有企业中则不显著。组间差异检验显示，产权性质对这一关系有显著调节作用。

表 2-10　基于产权性质的分组回归结果

变量	国有企业		民营企业	
	系数	t 值	系数	t 值
Pledge	0.000	0.53	0.002***	4.39
Controls	是	—	是	—
Industry	是	—	是	—
Constant	0.013	0.49	−0.074	−0.95
Observations	800	—	2108	—

续表

变量	国有企业		民营企业	
	系数	*t* 值	系数	*t* 值
R-squared	0.075	—	0.102	—
分组系数差异的 *P* 值	0.017**	—	—	—

注：***、**、*分别表示1%、5%、10%的显著性水平。

表2-11是*Cashdiv*、*ROA*和*BM*三个中介变量的检验结果，表明控股股东股权质押比例通过降低公司估值、总资产收益率和现金分红比例来影响股份回购比例。

表2-11 中介效应检验

变量	主效应	*Cashdiv*		资产回报率（*ROA*）		*BM*	
	Path A *Rep _ rate*	*Path* B *Cashdiv*	*Path* C *Rep _ rate*	*Path* B *ROA*	*Path* C *Rep _ rate*	*Path* B *BM*	*Path* C *Rep _ rate*
Pledge	0.135***	0.085***	0.133***	−0.035**	0.134***	0.063***	0.134***
	(7.22)	(−4.88)	(7.19)	(−2.00)	(7.21)	(4.45)	(7.21)
中介变量	—	—	0.063***	—	0.067***	—	0.054***
			(−3.15)		(−3.67)		(2.94)
Controls	是	是	是	是	是	是	是
Industry	是	是	是	是	是	是	是
Constant	0.043	0.034	0.041	0.040	0.042	0.047	0.042
	(0.95)	(0.81)	(0.91)	(0.95)	(0.92)	(1.36)	(0.92)
Observations	2908	2908	2908	2908	2908	2908	2908
R-squared	0.049	0.174	0.053	0.183	0.050	0.456	0.050
Sobel Z	—	2.645***	1.790*	1.663*		—	—

注：括号内为*t*值；***、**、*分别表示1%、5%、10%的显著性水平。

三、小结

横截面数据回归分析是一种常见的统计方法，优势在于能够揭示变量之间的关系和影响，帮助研究者对现象和问题进行深入理解。然而，研究者需要在分析过程中注意数据的质量和模型假设的合理性，以确保得出可靠和有效的研究结论。

未来，横截面数据回归分析将在数据科学和社会科学研究中持续发展和广泛应用。随着数据获取和处理技术的进步，我们将面对更多数量大、维度高的复杂数据集，这要求回归分析方法能够处理更多变量之间的复杂关系和非线性效应。同时，随着因果推断和机器学习技术的兴起，未来的分析方法将更加注重解释因果关系，提高预测和决策的准确性。在方法学上，对模型诊断和改进的要求将推动对异方差性、多重共线性等问题的更深入研究，以提升模型的稳健性和解释力。综上所述，未来横截面数据回归分析将不断演变，成为解决实际问题和探索社会现象的重要工具，为学术研究和政策制定提供更为精准和可靠的分析支持。

延伸阅读

我们所讨论的多元回归分析，要么使用纯粹的横截面数据，要么使用纯粹的时间序列数据。虽然这两种情形都常见于实际应用，但在经验（实证）研究中，越来越多地用到兼有横截面和时间序列维数的数据集。事实上，兼有横截面和时间序列两个方面的数据，常常给重要的政策问题研究带来曙光。

独立混合横截面（independently pooled cross section）数据。它是在不同时点（经常但并不一定是不同年份）从一个大总体里进行随机抽样的结果。例如，我们每年从在美国工作的工人总体里抽取一个关于小时工资、受教育程度、工作经验等的随机样本。或者，我们每隔一年就对某大都市市区出售的住房抽取一个关于售价、面积、卫生间数的随机样本。从统计学的观点看，这些数据集有一个重要特点：它们都是由独立抽取的观测数据构成的。我们做横截面分析时要保持其他条件不变，这样可以排除不同观测误差项的相关性。一个独立混合横截面和单独一个随机样本的差异在于，在不同时点上对总体进行抽样很可能导致观测点（即观测结果）不是同分布的情形。比如，随着时间的流逝，大多数国家的工资和受教育程度分布都已经改变。这实际上是一个容易应对的问题，即可在多元回归模型中，容许截距（甚至在某些情形中还容许斜率）随时间而改变。

跨时独立横截面的混合。许多关于个人、家庭和企业的调查，每隔一段时间，常常是每隔一年，会重复进行一次。当前人口调查（Current Population Survey，CPS），每年都随机地抽查居民家庭一次。如果每个时期都抽取一个随机样本，那么把所得到的随机样本合并起来就得出一个独立混合横截面。

使用独立混合横截面的一个理由是要加大样本容量，把不同时点从同一总体中抽取的多个随机样本混合起来使用，可以获取更精密的估计量和更具功效的统计量，仅当因变量和某些自变量保持着不随时间而变化的关系时，混合才是有用的。

本文参考文献：《计量经济学导论》（第四版）杰弗里.M.伍德里奇（第 13 章跨时横截面的混合：简单面板数据方法）。

主要参考文献

[1] 王亮亮，王娜. 税制改革、工资跨期转移与公司价值[J]. 管理世界，2015(11)：145-160.

[2] 王跃堂，王亮亮，彭洋. 产权性质、债务税盾与资本结构[J]. 经济研究，2010(9)：122-136.

[3] 陈晓光. 财政压力、税收征管与地区不平等[J]. 中国社会科学，2016(4)：53-70.

[4] 周黎安，刘冲，厉行. 税收努力、征税机构与税收增长之谜[J]. 经济学(季刊)，2011(1)：1-18.

[5] 吕冰洋，樊勇. 分税制改革以来税收征管效率的进步和省际差别[J]. 世界经济，2006(10)：69-77.

[6] 叶康涛，刘行. 税收征管、所得税成本与盈余管理[J]. 管理世界，2011(5)：140-148.

[7] 曾亚敏，张俊生. 税收征管能够发挥公司治理功用吗？[J]. 管理世界，2009(3)：143-151.

[8] 潘越，王宇光，戴亦一. 税收征管、政企关系与上市公司债务融资[J]. 中国工业经济，2013(8)：109-121.

[9] 陈德球，陈运森，董志勇. 政策不确定性、税收征管强度与企业税收规避[J]. 管理世界，2016(5)：151-163.

[10] 胡晓，刘斌，蒋水全. 产品市场竞争、税收规避与资本投资——基于资金压力和代理成本视角的实证考察[J]. 经济评论，2017(1)：90-105.

[11] 于文超，何勤英. 投资者保护、政治联系与资本配置效率[J]. 金融研究，2013(5)：152-166.

[12] 刘慧龙，吴联生. 制度环境、所有权性质与企业实际税率[J]. 管理世界，2014(4)：42-52.

[13] 逯东，孙岩，周玮，杨丹. 地方政府政绩诉求、政府控制权与公司价值研究[J]. 经济研究，2014(1)：56-69.

[14] 钱先航，曹廷求，李维安. 晋升压力、官员任期与城市商业银行的贷款行为[J]. 经济研究，2011(12)：72-85.

[15] 廖珂，崔宸瑜，谢德仁. 控股股东股权质押与上市公司股利政策选择[J]. 金融研究，2018(4)：172-189.

[16] 郝项超，梁琪. 最终控制人股权质押损害公司价值么？[J]. 会计研究，2009(7)：57-63.

[17] 李旎，郑国坚. 市值管理动机下的控股股东股权质押融资与利益侵占[J]. 会计研究，2015(5)：42-49.

[18] 黎来芳，陈占燎. 控股股东股权质押降低信息披露质量吗？[J]. 科学决策，2018(8)：1-20.

[19] 姜英兵，屈慧敏. 股票回购的市场时机选择及其影响因素研究[J]. 财务研究，2015(4)：78-86.

[20] Davies，R. B. and C. Eckel. Tax Competition for Heterogeneous Firms with Endogenous Entry [J]. American Economic Journal：Economic Policy，2010，2(1)：77-102.

[21] Graham，J. R. Tax and Corporate Finance：A Review [J]. Review of Financial Studies，2003，16(4)：1075-1129.

[22] Lü，X.，and P. Landry. Show Me the Money：Interjurisdiction Political Competition and Fiscal Extraction in China[J]. American Political Science Review，2014，108(3)：706-722.

第三章

时间序列数据的回归分析

本章导读

时间序列数据是按时间顺序排列的一组数据点，常见于金融、经济、气象等领域。这些数据通常具有趋势性、季节性、周期性和随机性等基本特点。回归分析在时间序列数据分析中发挥着重要作用，广泛应用于金融、经济、社会调查等领域。随着数据科学和人工智能技术的不断发展，回归分析在未来会有更广阔的应用前景和更深入的研究方向。本章最后提供了一个会计研究中时间序列/面板数据分析的完整Stata统计分析框架。

本章旨在探讨如何运用基本回归分析技术对时间序列数据进行建模和预测，以期为决策者提供有力支持。

第一节　时间序列数据概述

一、时间序列数据的基本概念

时间序列数据是按时间顺序排列的数值数据集合，反映了某一变量在不同时间点上的观测值。常用按时间顺序排列的一组随机变量（x, x_2）来表示随机事件的时间序列，简记为 $\{x, t \in T\}$ 或者 $\{x_t\}$，表示该随机序列的有序观测值。时间序列数据可以是连续的（如每分钟、每小时或每天的数据）或离散的（如月度、季度或年度的数据）。对时间序列数据进行回归分析的目标是理解和预测这些数据的未来趋势。

表 3-1 和表 3-2 是两组时间序列数据的实例，均按照时间顺序采集。

表 3-1　我国 2015～2021 年季度 GDP 增长率　　单位：%

2015S1	2015S2	2015S3	2015S4	2016S1	2016S2	2016S3	2016S4	2017S1	2017S2
7.1	7.1	7.1	7	6.9	6.9	6.8	6.8	7.0	7.0
2017S3	2017S4	2018S1	2018S2	2018S3	2018S4	2019S1	2019S2	2019S3	2019S4
7.0	6.9	6.9	6.9	6.8	6.7	6.3	6.1	6.0	6.0
2020S1	2020S2	2020S3	2020S4	2021S1	2021S2	2021S3	2021S4	—	—
−6.8	−1.6	0.7	2.3	18.3	12.7	9.8	8.1	—	—

资料来源：根据中国国家数据统计网数据编制而成。

表 3-2　2021 年杭州市平均温度　　单位：℃

2021-01	2021-02	2021-03	2021-04	2021-05	2021-06
11	15	18	22	28	30
2021-07	2021-08	2021-09	2021-10	2021-11	2021-12
33	32	32	24	18	13

资料来源：根据中国气象网数据编制而成。

二、时间序列数据的统计特性

时间序列数据的统计特征在数据分析、模型建立以及预测和决策支持等方面都具有重要意义。只有当时间序列数据具有一定的趋势性、周期性和稳定性，研究人员才能有效地进行回归分析，从而揭示数据的模式、趋势和相关性。时间序列数据具有四个统计特征。

(1) 平稳性：指时间序列数据的长期平均水平是否保持不变。稳定的时间序列数据有利于研究人员进行长期预测。

(2) 周期性：指时间序列数据是否存在明显的周期性波动。周期性数据有助于研究人员识别季节性因素并制定相应的策略。

(3) 趋势性：指时间序列数据是否存在长期上升或下降趋势。趋势性数据反映了潜在的市场变化和发展方向。

(4) 相关性：指不同时间点的观测值之间是否存在相关性。相关性分析有助于揭示时间序列数据之间的内在联系和相互影响。

三、时间序列数据的成分

时间序列数据包含四种成分，即趋势性（Trend，T）、季节性（Seasonal，S）、周期性（Cyclical，C）以及无规则性（Irregular or Random，R）。时间序列数据包含了这些成分中的一部分，这些成分（如趋势）往往会导致时间序列数据表现出非平稳的特征，然而，我们后面学习的时间序列模型又都是在平稳的特征上建立的，因此，识别时间序列数据的成分尤为重要。

数据的平稳性是一个非常重要的特征，因为它确保我们可以用模型来研究分析该数据的统计特征。事实上，时间序列分析的目标就是对时间序列数据进行分解，得到一个平稳的无规则成分；也就是移除数据中的趋势性、季节性以及周期性成分，从而得到平稳的无规则成分，然后再对这个无规则成分进行建模分析。

第二节 时间序列回归模型

在线性回归模型中，假设时间序列 y 与其他时间序列 x 之间是存在线性关系的。被预测变量 y 为回归变量，x 为回归量。例如，我们可以通过广告总花费 x 来预测月度销量 y；同样，我们可以通过气温数据 x_1 和星期数据 x_2 来预测日耗电量 y。

一、简单线性回归

简单的线性回归模型假设 y 和 x 之间存在线性关系：

$$y_t = \beta_0 + \beta_1 x_t + \varepsilon_t$$

其中，系数 β_0 和 β_1 分别表示回归线的截距和斜率。截距项 β_0 表示当 $x=0$ 时 y 的预测值；斜率 β_1 表示当 x 增加一个单位时，y 的平均变化。

每个观测值 y_t 都包含可解释部分 $\beta_0+\beta_1 x_t$，这些观测值并非全部落在拟合的回归线上，它们绝大部分都是分布在回归线的周围。

二、多元线性回归

多元线性回归模型适用于预测两个或更多变量。多元线性回归模型的一般形式如下：

$$y_t = \beta_0 + \beta_1 x_{1,t} + \beta_2 x_{2,t} + \cdots + \beta_k x_{k,t} + \varepsilon_t \tag{3-1}$$

其中，y 是被预测变量；$x_{1,t},\cdots,x_{k,t}$ 是 k 个预测变量；系数 $\beta_1,\cdots,\beta_k$ 表示其他变量不变时，该预测变量对被预测变量的影响程度，即边际影响。

当我们使用线性回归模型即公式（3-1）时，需要对变量做出基本假设。

首先，我们假设线性模型是对现实情况的合理近似；也就是说，预测变量和被预测变量之间的关系基本满足这个线性方程。

线性回归模型还有一个重要的假设，即预测变量 x 不是随机变量。在进行模拟实验时，我们可以控制每个 x 的值（所以 x 不会是随机的），并观察 y 的结果值。但在实际生活中，我们只能得到观察数据（包括商业和经济学中的大多数数据），而不能控制 x 的值。因此，我们需要做出如上假设。

三、非线性回归

在此之前，我们都假设预测变量和被预测变量之间为线性关系，但是在某些情况下，非线性函数形式可能更加符合真实情况。为了简化内容，我们假设只有一个预测变量 x。

一般情况下，可以通过变换预测变量 x 或被预测变量 y 来构造非线性回归模型。最常见的变换方式是对变量做自然对数变换。

双对数模型形式可写为：

$$\log_y = \beta_0 + \beta_1 \log x + \varepsilon \tag{3-2}$$

在此模型中，斜率 β_1 可以理解为弹性，即当 x 变动 1%时，y 的平均变动程度。此外，还有其他的对数模型形式：对数线性模型，只对被预测变量做对数变换处理；线性对数模型，只对预测变量进行对数变换处理。

进行对数变换的前提是，所有的观测值都必须大于 0。当观测值中存在 0 值时，我们人为地对所有观测值加 1，然后进行对数变换，即取 $\log(x+1)$。这种变换方式具有一个很好的特点：0 的原始比例效果整齐，即取值为 0 的观测值在对数变换之后仍为 0。

有些情况下，简单地将数据做对数处理是不够的，还需要对数据做进一步处理，模型如下所示：

$$y = f(x) + \varepsilon \tag{3-3}$$

其中，$f(x)$ 是非线性函数。在标准线性模型中，$f(x)=\beta_0+\beta_1 x$。在非线性回归模型中，我们采用比简单对数变换更为复杂的非线性变换函数 f。

较为简单的变换方式使 f 呈现分段线性的特点，也就是说，引入使 f 斜率发生改变的点。我们将这些点称为节点。令 $x_{1,t}=x$，引入变量 $x_{2,t}$：

$$x_{2,t} = (x-c) = \begin{cases} 0, & x < c \\ (x-c) & x \geqslant c \end{cases} \tag{3-4}$$

该公式表明，当 $x-c$ 大于 0 时，取其真实值；当 $x-c$ 小于 0 时，取值为 0。这就使得斜率在 c 点发生变化，进而展现出非线性形式。

第三节 时间序列分解

一、时间序列成分

时间序列包括三个成分，分别为趋势周期项、季节项和残差项。加法模式可表示为：

$$Y_t = S_t + T_t + R_t \tag{3-5}$$

式中，Y_t 表示时间序列数据；S_t 表示季节项，T_t 表示趋势周期项，R_t 表示残差项。其乘法形式为：

$$Y_t = S_T T_t R_t \tag{3-6}$$

如果季节性波动的幅度或者趋势周期项的波动不随时间序列水平的变化而变化，那么加法模型是最合适的。当季节项或趋势周期项的变化与时间序列的水平成比例时，则乘法模型更为合适。

举个例子，图 3-1 所示为电气设备新订单数量时间序列数据。

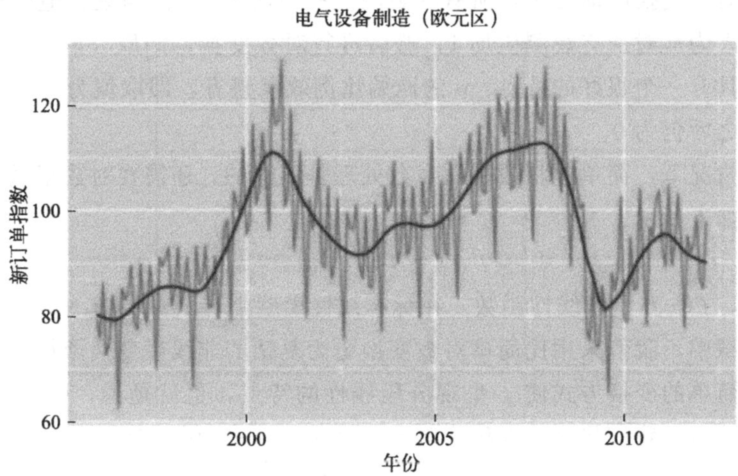

图 3-1　电气设备新订单数量时间序列数据：趋势-周期成分（深色）和原始数据（浅色）

资料来源：杰弗里·M. 伍德里奇. 计量经济学导论：现代观点（第 4 版）[M]. 张成思，等译. 北京：中国人民大学出版社，2010.

图 3-1 中的深色线表示趋势周期项 T_t，浅色线表示原始数据 Y_t。趋势周期项展示了序列的整体动态，忽略了季节性变动和其他随机波动。图 3-2 展示了本条时间序列的加法分解。

图 3-2 中的下面三栏分别为三种成分，将三种成分加和之后可以得到图中最上边的时间序列。从图中可以看出，季节项随时间变化非常缓慢，因此任意相邻的两年有着非常相似的模式，但是相隔很远的年份可能会有不同的季节性模式。第二栏所示的残差项是时间序列数据中减去季节项和趋势周期项所剩下的部分。

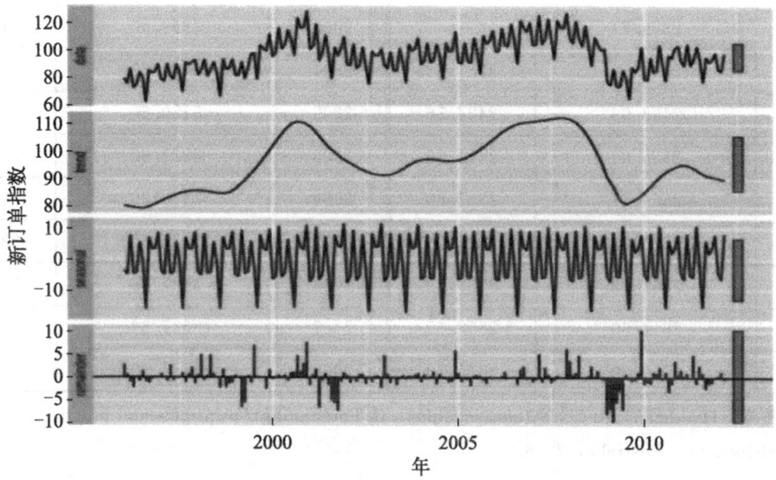

图 3-2　电气设备订单（上）及其三个可加成分

资料来源：杰弗里·M.伍德里奇.计量经济学导论：现代观点（第 4 版）[M].张成思，等译.北京：中国人民大学出版社，2010.

每一栏右侧的灰柱表示各个成分的相对大小。四个灰柱的大小相同，但是因为每个图的尺度不同，灰柱的大小会显得不同。第二栏的灰柱较大，表示残差项的变化相较于原数据的波动变化较小，大约为它的四分之一。如果我们缩小底部三栏的大小直到它们的灰柱大小与顶部灰柱的大小相同，那么这四个图的尺度都是相同的。

二、移动平均

传统时间序列分解方法的第一步是用移动平均的方法估计趋势周期项，因此我们先来讨论一下移动平均。

（一）平滑移动平均

m 阶移动平均可以写为：

$$T'_t=\frac{1}{m}\sum_{j=-k}^{k}y_{t+j} \tag{3-7}$$

其中，$m=2k+1$。通过求 t 时刻 k 周期内的平均值来获得时间点 t 的趋势周期项的估计值。根据数据中的随机性，得到较平滑的趋势周期项，此过程称为 m 阶移动平均，即“m-MA”。下面我们以南澳大利亚年度电力销售为例进行讲解，表 3-3 为原始数据表。

表 3-3　1989～2008 年南澳大利亚年度电力销售量　　单位：亿瓦・时

年份	电力销售量	5-*MA*	年份	电力销售量	5-*MA*
1989	2354.34	—	1999	3108.10	3077.30
1990	2379.71	—	2000	3357.50	3144.52
1991	2318.52	2381.53	2001	3075.70	3188.70
1992	2468.99	2424.56	2002	3180.60	3202.32
1993	2386.09	2463.76	2003	3221.60	3216.94
1994	2569.47	2552.60	2004	3176.20	3307.30
1995	2575.72	2627.70	2005	3430.60	3398.75
1996	2762.72	2750.62	2006	3527.48	3485.43
1997	2844.50	2858.35	2007	3637.89	—
1998	3000.70	3014.70	2008	3655.00	—

资料来源：Hyndman，R. J.，Athanasopoulos，G. Forecasting：principles and practice，2nd edition，OTexts：Melbourne，Australia，2018.

表中的第三列与第六列是 5 阶的移动平均，列出了趋势周期项的估计值。第三列的第一个值表示前 5 个观测值的平均值（1989～1993 年）；第二个值是 1990～1994 年的平均值；其他的值以此类推。即 5-*MA* 列中的每一个值是以对应年份为中心的 5 年观测值的平均值。图 3-3 为 1989～2008 年南澳大利亚年度住宅用户电力销售量。

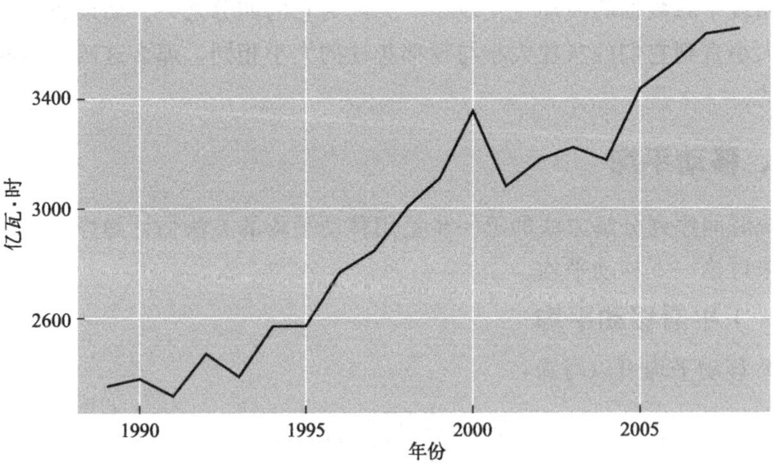

图 3-3　1989～2008 年南澳大利亚用户住宅售电量

资料来源：杰弗里・M. 伍德里奇. 计量经济学导论：现代观点（第 4 版）[M]. 张成思，等译. 北京：中国人民大学出版社，2010.

为了直观观察趋势周期项，我们将它和原始数据绘制在图 3-4 中。

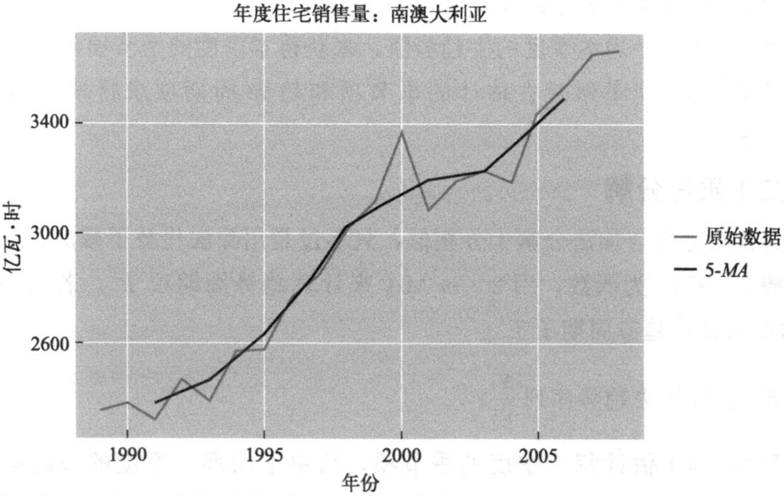

图 3-4　住宅售电量（浅）与 5-MA 趋势周期项估计值（深）

资料来源：Hyndman，R. J.，& Athanasopoulos，G. Forecasting：principles and practice，2nd edition，OTexts：Melbourne，Australia，2018.

我们可以发现，趋势周期项（深色）比原始数据更平滑，捕捉了时间序列去除了微小波动后的主要变化。移动平均的阶数决定了趋势周期项的平滑程度。一般情况下，阶数越大曲线越平滑。

（二）加权移动平均法

简单移动平均的组合可以生成加权移动平均。

一般来讲，加权 m-MA 可以写为：

$$T'_t=\sum_{j=-k}^{k}a_j y_{t+j} \tag{3-8}$$

其中，$k=\frac{m-1}{2}$，权重为 $[a-k,\cdots,a_k]$。非常重要的一点是，所选择的各期权重之和为 1，并且它们是对称的，即 $a_j=a_{-j}$。m-MA 中的权重均为 a_j 是一个简单的特例。

三、经典时间序列分解

经典时间序列分解法的步骤相对简单，它是很多其他时间序列分解法的基石。有两种经典时间序列分解法：加法分解和乘法分解。下面将介绍一个季节周期为 m 的时间序列。

（一）加法分解

步骤 1：若 m 为偶数，通过 $2\times m$-MA 来计算 T^t。若 m 为奇数，通过 m-MA

来计算 T^t；

步骤 2：计算去趋势序列 $y_t - T^t$；

步骤 3：简单平均本季度的去趋势值，来获得本季度的季节项值；

步骤 4：用时间序列减去估计的季节项和趋势-周期项求得残差项，$R^t = y_t - T^t - S^t$。

（二）乘法分解

经典乘法分解与加法分解十分相似，只不过是用除法代替了减法。

步骤 1：若 m 为偶数，用 $2\times m\text{-}MA$ 来计算趋势周期项 T^t。若 m 为奇数，用 $m\text{-}MA$ 来计算趋势周期项 T^t；

步骤 2：计算去趋势序列 $\frac{y_t}{T^t}$；

步骤 3：为了估计每个季度的季节项，简单平均那个季度的去趋势值。例如，对于月度数据，三月份的季节项是对所有去除趋势后的三月份值的平均。然后将这些季节项进行调整，使得它们的加和为 m。季节项是将各年的数据排列结合在一起而得到的，即 S^t；

步骤 4：残差项是用时间序列除以估计的季节项和趋势周期项求得的，$R^t = \frac{y_t}{T^t S^t}$。

图 3-5 展示了电气设备指数的经典时间序列分解。

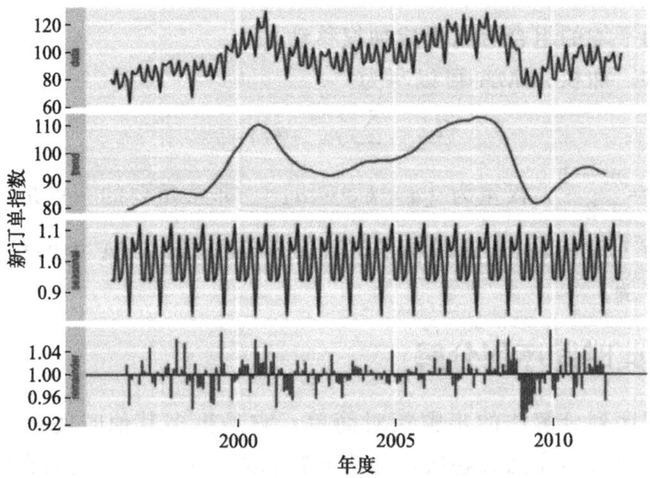

图 3-5 电气设备新订单指数的经典乘法分解

资料来源：杰弗里·M. 伍德里奇. 计量经济学导论：现代观点（第 4 版）[M]. 张成思，等译. 北京：中国人民大学出版社，2010.

2009 年的残差项大量为负数，这表明一些趋势周期项“漏进”了残差项。趋势周期的估计过度平滑原始数据的下降，并且相对应的残差项的值受到了趋势周期项误估的影响。

第四节　指数平滑法预测

一、简单的指数平滑

对没有明显趋势或季节性因素的数据进行预测，可采用此方法。例如，图 3-6 中的数据没有显示出任何明显的趋势或季节性因素。

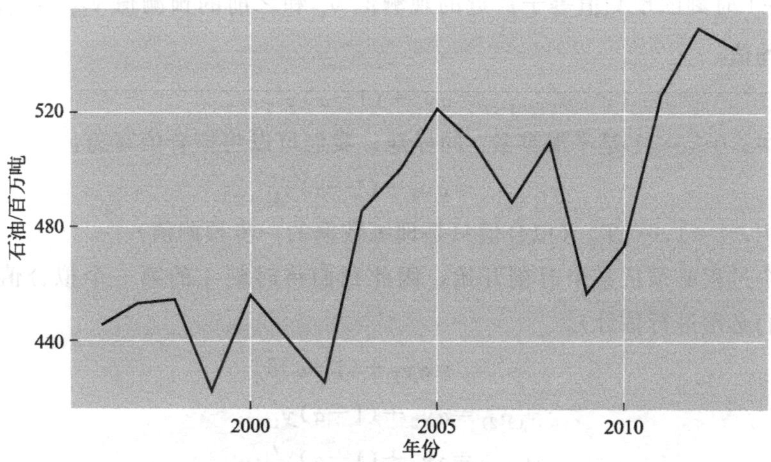

图 3-6　1996～2013 年沙特阿拉伯的石油产量

资料来源：朱雪琰.基于可视图网络模型的时间序列数据分析研究 [D].天津理工大学，2021.

加权平均值用来表示我们的预测值，权重随观测时间呈指数型下降。被赋予最小的权值，则意味着为最早的观察值。

$$y'_{(T+1|T)}=\alpha(1-\alpha)y_{T-1}+\alpha(1-\alpha)^2y_{T-2}+\alpha(1-\alpha)^3y_{T-3} \tag{3-9}$$

平滑参数 α 的范围为 $0\leqslant\alpha\leqslant1$，控制着权重下降的速度。

表 3-4 展示了使用简单指数平滑进行预测时，四个不同的 α 值所对应的观察值的权重。请注意，对于任何合理的样本量，即使 α 数值很小，权重的总和也应该近似为 1。

观察发现，随着时间往前推移，观察值的权重呈指数型下降（$0\leqslant\alpha\leqslant1$），我们称之为“指数平滑”。$\alpha$ 越接近于 0，会赋予更久远的观测值更多的权重。α 越接近 1，将赋予最近的观测值更大的权重。

表 3-4　使用简单指数平滑生成预测时，指数型递减权重随时间序列的观测值变化情况

时间	$\alpha=0.2$	$\alpha=0.4$	$\alpha=0.6$	$\alpha=0.8$
Y_T	0.2000	0.4000	0.6000	0.8000
Y_{T-1}	0.1600	0.2400	0.2400	0.1600
Y_{T-2}	0.1280	0.1440	0.0960	0.0320
Y_{T-3}	0.1024	0.0864	0.0384	0.0064
Y_{T-4}	0.0819	0.0518	0.0154	0.0013
Y_{T-5}	0.0655	0.0311	0.0061	0.0003

二、加权平均形式

$T+1$ 时刻的预测值等于最近的观测值 y_t 和之前的预测值 $y'_{(T\mid T-1)}$ 之间的加权平均值。

$$y'_{(T+1|t)}=\alpha y_t+(1-\alpha)y'_{(T|T-1)} \tag{3-10}$$

其中，$0\leqslant\alpha\leqslant1$ 是平滑参数。同样地，我们可以将拟合值写为：

$$y'_{(t+1|t)}=\alpha y_t+(1-\alpha)y'_{(t|t-1)} \tag{3-11}$$

其中，$t=1,\cdots,T$。（拟合值只是训练数据的一步预测值）

这个过程必须从某个时刻开始，因此我们将时刻 1 的第一个拟合值表示为 δ_0（我们必须进行估计）。

$$y'_{(2|1)}=\alpha y_1+(1-\alpha)\delta_0$$
$$y'_{(3|2)}=\alpha y_2+(1-\alpha)y'_{(2|1)}$$
$$y'_{(4|3)}=\alpha y_3+(1-\alpha)y'_{(3|2)}$$
$$\cdots$$
$$y'_{(T|T-1)}=\alpha_{T-1}+(1-\alpha)y'_{(T-1|T-2)}$$
$$y'_{(T+1|T)}=\alpha y_T+(1-\alpha)y'_{(T|T-1)}$$

将每个方程代入下一个方程，我们可以得到：

$$y'_{(T+1|T)}=\sum\nolimits_{j=0}^{T-1}\alpha(1-\alpha)^i y_{T-j}+(1-\alpha)^T\delta_0 \tag{3-12}$$

对于较大取值的 T，方程的最后一项会变得很小。因此，加权平均形式可以得到相同的预测方程式（3-1）。

三、分量形式

另一种表示形式是分量形式。对于简单的指数平滑来说，级别 δ_t 是唯一的分量。指数平滑法的分量形式，包括一个预测方程和该方法中包含的每个分量部分的平滑方程。简单指数平滑的分量形式由下式得出。

$$y'_{(t+h|t)}=\delta_t \tag{3-13}$$

$$\delta_t=\alpha y_t+(1-\alpha)\delta_{t-1} \tag{3-14}$$

其中，δ_t 是时间序列 t 的级别（或平滑值）。给定 $h=1$，可以得到拟合值。给定 $t=T$，得出训练数据之外的真实预测值。

该预测方程表明，$t+1$ 时刻的预测值是 t 时刻的估计值。该水平的平滑方程（通常称为水平方程）给出了该时间序列在每段时间 t 的估计水平。

简单指数平滑的分量形式并不是特别有用，但它是我们开始添加其他分量时最简单的形式。

第五节　ARIMA 模型[1]

ARIMA 模型提供了另一种时间序列数据预测方法。不同于指数平滑模型数据中的趋势（Trend）和季节性（Seasonality），ARIMA 模型旨在描述数据本身的自回归性（Autocorrelations）。

一、自回归模型

在多元线性回归模型中，我们预测目标变量（Variable of Interest）是通过对多个预测变量（Predictor）线性组合来实现的。而在自回归模型中，则是基于目标变量历史数据的组合来对目标变量进行预测。

故 p 阶的自回归模型可表示为：

$$y_t=c+\phi_1 y_{t-1}+\phi_2 y_{t-2}+\cdots+\phi_p y_{t-p}+\varepsilon_t \tag{3-15}$$

这里的 ε_t 是白噪声。这就相当于将预测变量替换为目标变量历史值的多元回归。我们将这个模型称为 $AR(p)$ 模型——p 阶自回归模型。

二、移动平均模型

与对预测变量的历史值来进行回归不同的是，在移动平均模型（Moving Average Model）中，一个类似回归的模型是通过运用历史预测误差来建立的。

$$y_t=c+\varepsilon_t+\theta_1\varepsilon_{t-1}+\theta_2\varepsilon_{t-2}+\cdots+\theta_q\varepsilon_{t-q} \tag{3-16}$$

[1] ARIMA 模型指的是自回归积分移动模型，ARIMA 是 Autoregressive Integrated Moving Average Model 的缩写，是时间序列分析中用于预测和分析数据的经典统计模型，核心作用是通过挖掘数据的历史规律，预测未来趋势。

上式中的 ε_t 是白噪声。我们将这个模型称为 q 阶移动平均模型。

移动平均模型用于预测未来值，移动平均平滑法则用来估计历史值的循环趋势。图 3-7 为 *MA*（1）模型和 *MA*（2）模型中的数据。

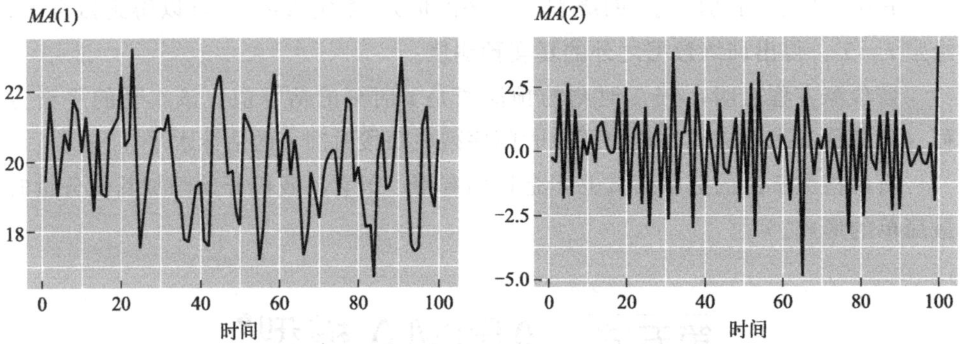

图 3-7　*MA*（1）模型和 *MA*（2）模型中的数据

资料来源：朱雪琰. 基于可视图网络模型的时间序列数据分析研究［D］. 天津：天津理工大学，2021.

图 3-7 为两例不同系数的移动平均模型数据。左侧是 *MA*(1) 模型：$y_t=20+\varepsilon_t+0.8\varepsilon_{t-1}$。右侧是 *MA*(2) 模型：$y_t=\varepsilon_t-\varepsilon_{t-1}+0.8\varepsilon_{t-2}$。两边的 ε_t 都是均值为 0、方差为 1 的正态分布白噪声。

第六节　动态回归模型

在之前的内容中，我们只是利用变量的实际观测值进行建模，却没有考虑随时间的推移对相关信息产生的影响。若合理利用此类信息修整模型，可以得到预测效果更好的时间序列模型。在本节中，我们将考虑扩展 ARIMA 模型，将一些与预测变量相关的信息纳入模型之中。

在第二节，我们曾建立如下形式的回归模型：

$$y_t=\beta_0+\beta_1 x_{1,t}+\beta_2 x_{2,t}+\cdots+\beta_k x_{k,t}+\varepsilon_t$$

其中，y_t 是 k 个预测变量（$x_{1,t},\cdots,x_{k,t}$）的线性组合，ε_t 是不相关的误差项（例如，误差项为白噪声）。我们可以采用诸如 Breusch-Godfrey 的检验来评估模型的残差项是否存在显著相关性。

在本节中，我们允许误差项中存在自相关。为了与之前章节的误差项进行区分，我们用 η_t 代替 ε_t。此处 ε_t 表示误差项，且利用 ARIMA 模型拟合残差 η_t。例如，若残差 η_t 满足 ARIMA(1,1,1)，则回归模型可写为：

$$y_t=\beta_0+\beta_1 x_{1,t}+\cdots+\beta_k x_{k,t}+\eta_t \tag{3-17}$$

$$(1-\phi_1 B)(1-B)\eta_t=(1+\phi_1 B)\varepsilon_t \tag{3-18}$$

其中，ε_t 仍为白噪声。

需要注意的是，模型中存在两个残差项：一是来自回归模型的误差，用 η_t 表示；二是来自 ARIMA 模型的误差，用 ε_t 表示，且假设来自 ARIMA 模型的误差为白噪声。下面我们对动态回归模型进行估计。

一、模型估计

在估计模型参数时，需要最小化残差 ε_t 的平方总和。假如我们用最小化 η_t 的平方总和来代替，则会出现以下问题。

(1) 由于一些信息被忽视，估计系数 $\beta_0,\cdots,\beta_k$ 将不再是最优估计；

(2) 所有关于模型的检验（例如系数的 t 检验）都不正确；

(3) 在很多情况下，即使某些预测变量不是很重要，但其系数的 p 值很小，从而导致“虚假回归”。通过最小化 ε_t 值的平方总和，可以避免以上问题。

对包含 ARIMA 误差项的回归模型进行参数估计时，需要注意的是，模型中的所有变量都必须是平稳的。因此，应首先对预测变量 y_t 和预测变量 $(x_{1,t},\cdots,x_{k,t})$ 做平稳性检验。为了方便区分，这里用 y'_t 表示平稳性检验后的 y_t。假如变量中存在某一个或几个变量是非平稳的，那么参数估计将不是一致估计（此时参数估计将无意义）。假如存在变量非平稳，但变量之间是协整的，那么此时参数估计为一致估计，参数估计仍有意义。

在所有变量都变得平稳时，仅需考虑残差项对 ARIMA 模型的拟合误差。例如，若误差项满足 $\text{ARIMA}_{1,1,1}$，将其差分之后得到的模型为：

$$y'_t=\beta_1 x_{1,t}+\cdots+\beta_k x'_{k,t}+\eta'_t \tag{3-19}$$

$$(1-\phi_1 B)\eta'_t=(1+\phi_1 B)\varepsilon_t \tag{3-20}$$

其中，$y'_t=y_t-y_{t-1}$，$x'_{k,t}=x_{k,t}-x_{k,t-1}$，$\eta'_t=\eta_t-\eta_{t-1}$。这即为差分 ARIMA 模型误差的回归模型。

二、Stata 时间序列回归分析程序：会计研究主题

以下是一个规范的 Stata 时间序列回归分析程序。

```
/*=========================================
标题：会计研究中的时间序列回归分析-Stata 应用
数据集：abdata.dta (Stata 发行版自带)
目的：演示规范的会计研究时间序列回归分析流程
=========================================*/
```

```
//第一部分:初始设置
version 18                    //声明 Stata 版本以确保可重复性
```

```
clear all                    //清除所有内存数据
set more off                  //关闭分页显示
capture log close          //关闭任何已打开的日志文件
// 设置工作目录(根据实际需要修改)
cd "E:\益友学术\鼎园会计 96 期\report"
log using"会计研究回归分析. log", replace text // 创建日志文件
//第二部分:数据准备
use http://www. stata-press. com/data/r17/abdata. dta, clear
save "E:\益友学术\鼎园会计 96 期\data\tsreg. dta", replace
//描述数据集
describe
summarize

//声明面板数据结构
xtset id year

//第三部分:变量处理与描述性统计
// 创建新变量(示例)
gen ln_emp = ln(emp)       //就业人数的对数
gen ln_wage = ln(wage)   //工资的对数
gen ln_indoutpt = ln(indoutpt) //工业总产值的对数

//描述性统计
tabstat emp wage indoutpt cap n, stats(n mean sd min p50 max) col(stat)
tabstat ln_emp ln_wage ln_indoutpt, stats(n mean sd min p50 max) col(stat)

//相关性分析
pwcorr emp wage indoutpt cap n, sig star(0. 05)

//第四部分:图形分析
//时间序列图
tsline emp if id == 1, title("公司 1 的就业人数时间序列") ytitle("就业人数") xtitle("年份")

//散点图矩阵
graph matrix emp wage indoutpt cap, half title("主要变量关系矩阵图")
```

```
//第五部分:回归分析
//模型 1:简单 OLS 回归
regress emp wage indoutpt, vce(robust)
estimates store m1

//模型 2:固定效应模型
xtreg emp wage indoutpt, fe
estimates store m2

//模型 3:随机效应模型
xtreg emp wage indoutpt, re
estimates store m3

// Hausman 检验选择固定效应还是随机效应
hausman m2 m3, sigmamore

// 模型 4:动态面板模型(Arellano-Bond)
xtabond n L.n wage cap, lags(1) twostep vce(robust)
estimates store m4

//模型 5:GMM 估计
xtdpdsys n wage cap, lags(1) twostep vce(robust)
estimates store m5

//第六部分:结果呈现与诊断
//回归结果表
esttab m1 m2 m3 m4 m5 using "回归结果表.rtf", replace ///
    b(%9.3f) se(%9.3f) r2 ar2 star(* 0.05 ** 0.01) ///
    title("会计研究回归分析结果") ///
    mtitle("OLS" "FE" "RE" "AB" "GMM") ///
    addnotes("* p<0.05, ** p<0.01")

//模型诊断
//固定效应模型的残差图
predict res, e
twoway (scatter res year) (lowess res year), title("固定效应模型残差图")
```

```
//自相关检验
xtserial emp wage indoutpt

// 单位根检验(面板单位根)
xtunitroot fisher emp, dfuller lags(1)

//第七部分:结论与保存
log close

//显示完成信息
display "分析已完成,结果已保存到工作目录"
```

延伸阅读

有关回归分析的参考读本很多，但专门研究时间序列回归及预测的书籍比较罕见。

- Sheather (2009) 是阐明回归分析技术的现代读本。
- Harrell (2015) 是包含优秀实践建议的回归分析读本。
- Ord et al. (2017) 第 7-9 章主要从预测角度介绍了时间序列回归模型。

主要参考文献

[1] 杰弗里 · M. 伍德里奇. 计量经济学导论：现代观点(第 4 版)[M]. 张成思，等译. 北京：中国人民大学出版社，2010.

[2] 高剑波. 复杂时间序列的多尺度分析[J]. 力学学报，2022(8)：2318-2331.

[3] 朱雪琰. 基于可视图网络模型的时间序列数据分析研究[D]. 天津：天津理工大学，2021.

[4] 邱玉祥，蔡艳，陈霖，等. 基于自回归神经网络的多维时间序列分析[J]. 吉林大学学报(理学版)，2022(5)：1143-1152.

[5] Hyndman，R. J.，& Athanasopoulos，G. Forecasting：Principles and Practice[M]. 2nd Edition. OTexts：Melbourne，Australia，2018.

[6] Bergmeir，C.，Hyndman，R. J.，& Koo，B. A note on the Validity of Cross-Validation for Evaluating Autoregressive Time Series Prediction[J]. Computational Statistics and Data Analysis，2018，120：70-83.

[7] Dagum，E. B.，& Bianconcini，S. Seasonal Adjustment Methods and Real Time Trend-Cycle Estimation[M]. Bern：Springer International Publishing，2016.

[8] Cleveland，R. B.，Cleveland，W. S.，McRae，J. E.，& Terpenning，I. J. STL：A Seasonal-trend Decomposition Procedure Based on Lowess[J]. Journal of Official Statistics，1990，6(1)：3-33.

[9] Wang, X., Smith, K. A., & Hyndman, R. J.. Characteristic-based Clustering for Time Series Data [J]. Data Mining and Knowledge Discovery, 2006, 13(03): 335-364.

[10] Gardner, E. S., & McKenzie, E. Forecasting Trends in Time Series[J]. Management Science, 1985, 31(10):1237-1246.

[11] Holt, C. E. Forecasting Seasonals and Trends by Exponentially Weighted Averages (O. N. R. Memorandum No. 52)[M]. Carnegie Institute of Technology, Pittsburgh USA, 1957.

第四章

面板数据回归分析

本章导读

面板数据回归分析广泛应用于经济学、社会科学、医学研究以及商业分析和政策评估等领域。它包含多个时间点上的观测值，使研究者能够直接分析个体行为和状态随时间的变化。面板数据回归能够控制不可观测的个体特定效应，这是截面数据无法做到的。面板数据回归不仅可以采用固定效应和随机效应模型，还可以使用混合OLS模型、动态模型等多种估计策略。

本章主要介绍面板数据的回归分析，具体包括面板数据的定义与类型、优势与挑战、研究意义；面板数据模型基础；面板数据回归方法；面板数据模型扩展以及面板数据回归分析案例研究。

第一节　绪论

一、面板数据的定义

面板数据（panel data）是指在不同时间点上对多个个体进行观测所得到的数据集合。这种数据具有二维结构，也被称为时间序列截面数据。面板数据同时具有时间和个体两个维度。研究人员既可以观察不同个体随时间的变化情况，也可以比较同一时间点上不同个体之间的差异。

二、面板数据的类型

（一）短面板与长面板

短面板（short panel）是指时期数 T 较少，而个体数 n 较大的面板数据。

在使用大样本理论时，让 n 趋于无穷大。如果时期数 T 较大，而个体数 n 较小，则为长面板（long panel）。

（二）动态面板与静态面板

静态面板模型中不包含被解释变量的任何滞后项，其基本形式为：$y_{it}=\beta x_{it}+u_{it}$，其中，$y_{it}$ 是当期的被解释变量，x_{it} 是当期的解释变量，u_{it} 是误差项。这种模型主要关注解释变量对被解释变量的同期影响。动态面板模型的解释变量中包含了被解释变量的滞后项，通常形式为：$y_{it}=\rho y_{I,t-1}+\beta x_{it}+u_{it}$，其中，$y_{I,t-1}$ 是被解释变量的滞后项，ρ 为其系数。这类模型能够分析被解释变量的动态变化特性。

（三）平衡面板与非平衡面板

平衡面板数据（balanced panel）指的是在不同时间点上对多个个体进行观测，且每个个体在所有时间点上都有观测值，不存在缺失数据的情况。而非平衡面板数据（unbalanced panel）则指在不同时期个体可能存在差异。

三、面板数据的优势

（一）能够更好地处理不可观测的个体效应或时间效应

在实证分析中，有些数据由于难以获得或不易衡量而无法加入模型，从而造成遗漏变量问题，而面板数据能够避免这些遗漏问题。在面板数据分析中，个体效应指的是一些不随时间改变的个体特定因素，例如地理特征和城市文化；而在特定年份某省内每个城市的破案率可以认为是相同的，则通常称为时间效应。

（二）研究决策行为或结果中滞后的重要性

面板数据在政策评估与分析中发挥着重要作用，其结构能够同时考虑时间序列和横截面数据的信息，使得面板数据成为分析政策影响和进行因果推断的理想选择。面板数据能够反映个体随时间的变化情况以及个体之间的差异，这对于评估经济政策的滞后效应和长期效果尤为有价值。

四、面板数据的挑战

（一）微观调查面板数据极少

在针对微观个体的调查中，追踪调查设计中对象选择和采访频率确定的复杂性，数据采集时样本自选择、无应答、个体非随机流失和威望偏倚（prestige bias）等问题，以及数据管理的多维性，使得真正意义上的微观面板数据很少。人们逐渐使用准（伪）面板（pseudo panel）和轮换面板（rotating panel）开展微观经济分析。

（二）制约了经济稳态性质研究

微观面板各个体的时期较短，主要依赖个体数趋于无穷进行渐近统计分析。在时间维度不能进行渐近性分析，制约了对经济稳态性质的研究。

五、面板数据回归分析的研究意义

（一）捕捉时间变化

面板数据包含多个时间点的观测值，使研究者能够直接分析个体行为和状态随时间的变化。通过观察一段时间内的变化，发现面板数据回归可以更准确地评估变量间的动态关系；此外，面板数据模型通常包含固定效应或随机效应，控制了不随时间变化的个体特性，从而更好地隔离时间变异因素的真正影响。

（二）控制异质性，减少遗漏变量偏误

面板数据回归能够控制不可观测的个体特定效应。通过考虑个体的固定效应，面板数据模型可以减少遗漏变量偏误，提高估计的准确性。

（三）提高估计效率

相较于截面数据，面板数据提供了更多的数据点，可以提高模型估计的效率和统计功效。面板数据回归分析允许研究者利用个体间的差分来缓解共线性问题，从而得到更稳健的估计结果。通过使用工具变量或其他方法，面板数据可以帮助研究者进行更为可靠的因果推断。

第二节　面板数据模型基础

一、面板数据模型的分类

（一）固定效应模型

固定效应模型（Fixed Effects Model，FEM），用于控制研究中不可观测的异质性，可提供一个更纯净的估计环境，使研究者能够更准确地估计自变量对因变量的影响。这种模型特别适合处理具有个体或时间不变特征的数据，有助于减少因遗漏变量导致的偏误。

（二）固定效应模型的分类

1. 个体固定效应模型

个体固定效应模型假定不同的个体（如个人、公司等），其截距项不同，而

斜率系数相同。该模型通过允许每个个体拥有不同的截距，捕捉个体特有的影响因素。

$$Y_{it} = \delta_i + \beta_0 + \sum_{k=1}^{k} \beta_k X_{kit} + u_{it} \tag{4-1}$$

其中，Y_{it} 是被解释变量；X_{kit} 是解释变量；δ_i 是个体效应，表示那些不随时间改变的影响因素；u_{it} 为截距项，在个体固定效应中，δ_i 与 u_{it} 相互独立。

2. 时点固定效应模型

时点固定效应模型是面板数据分析中的一种方法，用于处理时间维度上的不可观测因素对模型估计的影响。例如，研究政策变化、经济周期波动等因素对某一经济指标的影响时，可以使用时点固定效应模型来控制时间因素的影响。

$$Y_{it} = \gamma_t + \beta_0 + \sum_{k=1}^{k} \beta_k X_{kit} + u_{it} \tag{4-2}$$

其中，Y_{it} 是被解释变量，X_{kit} 是解释变量，γ_t 是时点固定效应（即不同时间点的截距项），β 是回归系数（斜率项），u_{it} 是误差项。

3. 时点个体固定效应模型

时点个体固定效应模型（Two-way Fixed Effects Model）是面板数据分析中的一种综合模型，它同时考虑了个体特有和时间特有的固定效应。这种模型通过控制个体和时间两个维度的截距项，解决了这两个维度上的遗漏变量问题，得出了对自变量影响因变量的更准确估计。

$$Y_{it} = \delta_i + \gamma_t + \beta_0 + \sum_{k=1}^{k} \beta_k X_{kit} + u_{it} \tag{4-3}$$

其中，Y_{it} 是被解释变量，X_{kit} 是解释变量，δ_i 是个体固定效应（即不同个体的截距项），γ_t 是时点固定效应（即不同时间点的截距项），β 是回归系数（斜率项），u_{it} 是误差项。

（三）固定效应模型的适用性与局限性

1. 适用性

（1）处理个体或截面间的异质性。固定效应模型能够有效地控制个体或截面间的异质性。特别是在面板数据分析中，每个个体或截面具有不同的固定特征，这些特征可能会影响结果，而固定效应模型能够消除这种影响，从而提高分析的准确性。

（2）面板数据分析。固定效应模型在处理面板数据时，可以更好地捕捉个体间的长期关系和动态变化，从而提高模型的解释能力。面板数据同时包含了时间序列和截面数据，固定效应模型可以同时考虑这两方面的信息，提供更全面的分析。

2. 局限性

固定效应模型对数据要求较高，要求数据具有足够的变异性，以便能够准确估计个体固定效应。如果数据变异性不足，可能会导致模型估计结果不稳定或不准确。固定效应模型需要考虑所有可能影响结果的因素，包括个体特征、时间趋势、政策变化等，这会导致模型设定较为复杂，需要投入较多的时间和精力进行模型构建和估计。固定效应模型通过控制个体固定效应来消除其对结果的影响，但同时无法估计个体固有特征的影响，这可能会限制模型在某些方面的解释能力。无法处理与个体固定特征相关的解释变量，如果解释变量与个体固定特征相关，那么固定效应模型可能无法准确估计这些解释变量的影响，这会导致模型估计结果存在偏差。

（四）随机效应模型

随机效应回归模型简称 REM，是经典线性模型的一种推广，它将原来（固定效应模型）的回归系数看作是随机变量。随机效应模型认为截距项与解释变量不相关。

（五）随机效应模型的适用性与局限性

1. 适用性

随机效应模型适用于同时包含个体和时间维度的面板数据。特别是当样本内变量系数存在差异时，随机效应模型更为合适。

2. 局限性

(1) 假设条件。随机效应模型假设随机效应来自某个特定的分布（如正态分布），这在实际应用中可能并不总是成立的。当假设条件不满足时，模型的估计结果可能会受到影响。

(2) 计算复杂性。与固定效应模型相比，随机效应模型的计算更为复杂。这主要是因为随机效应模型的参数估计通常采用 GLS（广义最小二乘）或 RE（随机效应）估计法，这些方法相对于 OLS（普通最小二乘）估计法更为复杂。

(3) 样本量要求。随机效应模型对样本量的要求通常较高。当样本量较小时，模型的估计结果可能不稳定，甚至可能出现偏差。

（六）混合效应模型

混合模型的特点是，对于任何个体或者截面，回归系数都是相同的。其假定不同个体之间不存在差异，不同时间项之间也不存在显著性差异。

二、固定效应模型与随机效应模型的选择

（一）固定效应模型与随机效应模型的区别

固定效应模型通常用于比较特定组别的差异，如比较几种特定药物的效果或分析一组特定公司的业绩变化，适合个体特征不随时间变化但会影响因变量的

情况。

随机效应模型主要用于对总体进行推断，例如通过抽样调查几所学校来估计全国所有学校的平均水平，适合个体特征随机且与自变量无关的情景。

（二）豪斯曼检验

选择固定效应模型或者随机效应模型通常使用豪斯曼检验，主要步骤如下。

（1）分别建立两种模型，然后进行数据估计，得到两个模型的估计结果。

（2）计算豪斯曼统计量。豪斯曼统计量是通过比较两个模型估计结果的差异来计算的。

（3）判断豪斯曼统计量的显著性。根据计算得出的豪斯曼统计量，查表得到对应的 p 值。如果 p 值小于显著性水平（如 0.05），则拒绝随机效应模型的假设，认为固定效应模型更为合适；如果 p 值大于显著性水平，则不能拒绝随机效应模型的假设，认为随机效应模型更为合适。

第三节 面板数据模型的估计与检验

一、面板数据线性模型的估计方法

（一）最小二乘法（OLS）

最小二乘法是一种数学优化技术，它通过最小化误差的平方和来寻找数据的最佳函数匹配。

（二）最大似然估计（MLE）

最大似然估计是一种统计方法，用来寻找能够以较高概率产生观察数据的系统发生树或参数值。“似然”即“可能性”，因此最大似然估计也可以理解为“最大可能性估计”。

（三）Logit 回归

Logit 回归是一种广义的线性回归分析模型，常用于处理因变量为二分类（或某事件的发生率）的情况。例如，在疾病自动诊断、经济预测等领域，Logit 回归可以通过给定的自变量数据集来估计事件的发生概率。因变量（Y）是二分类数据，只有两个可能的取值（如 0 和 1，表示事件是否发生）。

（四）泊松回归

泊松回归是一种为计数资料和列联表建模的回归分析，特别适合响应变量为非负整数的情况，如交通事故次数、疾病发生次数等。因变量（Y）是计数数据，即非负整数。

泊松回归针对计数数据而设计，能够有效处理非负整数响应变量。还可以处理过度离散的数据，通过引入偏移量或使用泊松分布的变体（如负二项分布）。但当数据显示出明显的过度离散（方差大于均值）时，泊松回归的假设可能不成立。不适合处理有大量零计数的数据集，可能需要零膨胀模型来解决。

（五）负二项回归

负二项回归是一种广义线性模型（GLM），假设因变量服从负二项分布。负二项分布是一种离散概率分布，用于描述固定次数的独立实验中成功次数的概率分布。当计数数据的方差大于均值时，即存在过度分散现象时，负二项分布比泊松分布更为适用，因为它允许方差和均值不相等。

二、面板数据模型参数的检验

（1）**T 检验**：单个变量系数的显著性检验。

（2）**F 检验**：整体回归方程的显著性检验，即所有变量对被解释变量的显著性检验。

（3）**R^2**：整体回归方程拟合优度检验，R^2 的结果越接近于 1 越好，但是 R^2 会因变量增加而增大，所以引进了调整 R^2 检验。

（4）**调整 R^2**：是对 R^2 检验的提升，避免了变量增加对 R^2 的影响。

第四节　面板数据模型的扩展

一、非线性面板数据模型

（一）非线性面板数据模型概述

非线性面板数据模型是指在面板数据结构下，因变量与自变量之间的关系不能用线性函数来准确描述，而是需要用非线性函数来表示的模型。面板数据的非线性模型是将非线性模型应用于面板数据分析的一种方法。它允许我们更准确地描绘变量之间的非线性关系，特别是在存在时间序列和个体特征差异的情况下。

（二）面板数据非线性回归模型分类

1. 面板数据的门限回归模型

门限回归模型（Threshold Regression Model）也称为门限回归或门槛模型，

是指根据门槛值将模型划分成多个不同的区间，每个区间内，其回归方程是不同的。面板门限回归模型（Panel Threshold Regression Model）则是针对面板数据（即具有多个个体和多个时间点的数据集）的门槛效应分析。它允许模型在不同的门槛值处发生结构性的变化。

$$y_{it}=\beta_0+\beta_1 x_{it} I(q_{it}\leqslant\gamma)+\beta_2 x_{it} I(q_{it}>\gamma)+\alpha_{it}+u_{it} \tag{4-4}$$

其中，y_{it} 表示被解释变量；x_{it} 表示解释变量；q_{it} 表示门限变量；γ 表示门限值；$I(\cdot)$ 为指示函数，当括号内的条件成立时取值为 1，否则取值为 0；a_{it} 表示个体固定效应；u_{it} 表示随机误差项。

2. 面板数据马尔可夫体制转换回归模型

马尔可夫体制转换（Markov Regime Switching）是一种状态转换方法，其中时间序列或面板数据的生成过程在不同时间段或不同个体之间可能发生变化。这些变化可以用马尔可夫链来描述，即从一个状态转换到另一个状态的概率仅取决于当前状态，而不取决于之前的状态。

$$y_t=\beta_{0,st}+\beta_{1,st}x_{1,t}+\cdots+\beta_{k,st}x_{k,t}+\varepsilon_t \tag{4-5}$$

其中，y_t 是被解释变量；$x_{1,t},\cdots,x_{k,t}$ 是解释变量；$\beta_{0,st},\beta_{1,st},\cdots,\beta_{k,st}$ 是模型参数；st 是体制转换变量；ε_t 是随机误差项。

3. 面板数据平滑转换回归模型

面板数据平滑转换回归模型（Panel Smooth Transition Regression，PSTR）是一种用于分析面板数据之间非线性关系的统计模型，由 González 等人在 2005 年提出。PSTR 模型的基本公式包含了个体效应、解释变量的线性部分、解释变量的非线性部分以及一个转换函数。其中，转换函数通常采用 Logistic 函数形式，负责模型在不同区制间的平滑过渡。PSTR 模型允许回归关系在不同的区制之间平滑转换，与传统的线性面板数据模型相比，它能够捕捉到变量之间更为复杂的非线性关系，使模型在经济现实中的应用更为广泛和灵活。

$$y_{it}=\beta_0+\beta_1 x_{it}+\beta_2 x_{it} G(q_{it},\gamma,c)+u_{it} \tag{4-6}$$

其中，y_{it} 表示被解释变量，x_{it} 表示解释变量，q_{it} 表示转换变量，γ 表示转换参数，c 表示位置参数，$G(q_{it},\gamma,c)$ 是一个连续的平滑转换函数，u_{it} 为随机误差项。

二、面板数据的空间效应

（一）空间面板数据模型的概念

空间面板数据模型是一种分析包含空间和时间维度数据的统计工具。它既可以研究变量在同一时间点上不同空间单元之间的差异（截面数据特性），也可以分析同一空间单元在不同时间点上的变化（时间序列数据特性）。

（二）模型类型

1. 空间滞后模型（Spatial Lag Model）

空间滞后模型是空间计量经济学中的一个重要概念，用于描述空间相关性和空间依赖性。在许多实际问题中，观测值之间的相互影响可能会随着空间距离的增加而减小，这种现象称为空间自相关。空间滞后模型通过引入空间滞后变量来捕捉这种空间自相关关系，从而更好地解释和预测空间数据的变化。

$$Y=\rho \boldsymbol{W}y+X\beta+\varepsilon \tag{4-7}$$

其中，ρ 是空间滞后项系数，可衡量观测值之间的相互影响程度。$\boldsymbol{W}$ 是空间权重矩阵，表示观测值之间的空间关系。它是一个 $n\times n$ 的矩阵，这里的 n 表示观测值数量。矩阵的每一行代表了一个空间单元的邻居集合，元素 w_{ij} 表示空间单元 i 与 j 是否有联系。$\boldsymbol{W}y$ 是空间权重矩阵与滞后因变量的乘积，表示因变量的空间滞后性。

2. 空间误差模型（Spatial Error Model）

空间误差模型是一种分析空间数据中误差项之间相关性的统计模型。该模型的核心思想是模型中的误差项具有空间依赖性，即误差项之间不是完全独立的，而是会受到邻近观测值误差的影响。

$$Y=X\beta+\mu$$
$$\mu=\lambda \boldsymbol{W}\mu+\varepsilon$$

其中，μ 是具有空间自相关性的误差项；λ 是空间自相关误差系数；$\boldsymbol{W}\mu$ 是空间权重矩阵与误差项的乘积，表示误差项的空间自相关。

3. 空间杜宾误差模型（Spatial Durbin Error Model）

空间杜宾误差模型是基于空间滞后模型和空间误差模型组合的扩展，它既考虑了因变量的空间滞后项，也考虑了解释变量的空间滞后项，同时还包含了空间误差项。在空间滞后模型中，因变量的空间滞后项被引入模型中，用来反映邻近区域之间变量的相互影响。而在空间误差模型中，假定误差项具有空间相关性，以捕捉未观测的空间效应。

$$Y=\beta kX+\theta k\boldsymbol{W}X+\mu \tag{4-8}$$
$$\mu=\lambda \boldsymbol{W}\mu+\varepsilon$$

其中，Y 表示因变量；X 表示自变量；$\boldsymbol{W}X$ 表示自变量 X 的空间滞后变量（即相邻地区的 X 值）；μ 表示误差项；$\boldsymbol{W}\mu$ 表示误差项的空间滞后变量；βk、θk 和 λ 是回归系数，需要通过模型估计得到。

第五节　面板数据回归分析方法的应用

一、促进还是抑制：政府研发补助对企业绿色创新绩效的影响

（一）内容概述

王永贵和李霞（2023）以制度理论和委托代理理论为基础，根据 2010 ～ 2017 年中国 A 股重污染行业上市公司的数据，研究政府研发补助对企业绿色创新绩效是产生促进作用还是抑制作用，并进一步验证管理者的环境关注度以及环境规制在二者间的调节作用。

（二）变量选择与样本数据

文章选择 2010 ～2017 年中国 A 股重污染行业上市公司的数据进行实证研究。基于研究的特点，王永贵和李霞（2023）使用面板数据的负二项回归模型验证文中的研究假设。

描述性统计结果的 Stata 代码：

```
global controls "Age Size SOE Growth Lroa Market Alr Share PC"
tabstat STGI SUGI Subsidy Rule Concern $controls, s(N mean sd min max median)    ///
  f(%12.4f) c(s)
```

（三）模型估计与检验

1. 理论分析与假设

王永贵和李霞（2023）在文中提出六个假设。

H1a：政府研发补助促进企业策略性绿色创新绩效的提升。

H1b：政府研发补助与企业实质性绿色创新绩效之间呈倒“U 形”关系，“适度”的政府研发补助能够提升企业的实质性绿色创新绩效。

H2a：环境规制在政府研发补助与企业策略性绿色创新绩效之间产生正向调节作用。

H2b：环境规制在政府研发补助与企业实质性绿色创新绩效之间具有调节作用，且能够强化政府研发补助与企业实质性绿色创新绩效之间的倒“U 形”关系。

H3a：管理者的环境关注度在政府研发补助与企业策略性绿色创新绩效之间具有负向调节作用。

H3b：管理者的环境关注度在政府研发补助与企业实质性绿色创新绩效之间

发挥调节作用，且能够强化两者间的倒“U 形”关系。

2. 基准回归

文章的实证回归结果如表 4-1 所示。第（1）、第（2）列加入解释变量以及解释变量的二次项进行回归，结果证明 H1a 及 H1b 成立。第（3）、第（4）列探究环境规制的调节作用，第（3）列验证环境规制在政府补助与企业策略性创新绩效之间的调节作用，证明了 H2a 成立；第（4）列验证环境规制在政府补助与企业实质性创新绩效之间的调节作用，证明 H2b 成立。第（5）、第（6）列探究管理者环境关注度的调节作用，第（5）列验证了 H3a ，第（6）列验证了 H3b。

表 4-1 固定效应的负二项回归结果

变量	(1) 策略性绿色创新绩效	(2) 实质性绿色创新绩效	(3) 策略性绿色创新绩效	(4) 实质性绿色创新绩效	(5) 策略性绿色创新绩效	(6) 实质性绿色创新绩效
政府研发补助	0.2105*** (0.0987)	0.2124*** (0.0901)	0.2048*** (0.0941)	0.2030*** (0.0938)	0.2099*** (0.0935)	0.2009** (0.0941)
政府研发补助二次项	−0.0502 (0.0411)	−0.1373* (0.0805)	−0.0310 (0.0268)	−0.1268* (0.0724)	−0.0347 (0.0278)	−0.1478* (0.0840)
环境规制			0.0548 (0.0522)	0.0607 (0.0615)		
管理者的环境关注度					0.2106** (0.1008)	0.2947** (0.1404)
政府研发补助×环境规制			−0.2653*** (0.0456)	0.3825*** (0.0505)		
政府研发补助二次项×环境规制			−0.0757 (0.1344)	0.3146*** (0.0294)		
政府研发补助×管理者的环境关注度					−0.2351** (0.1117)	0.2563** (0.1230)
政府研发补助二次项×管理者的环境关注度					−0.0138 (0.0110)	0.1321* (0.0738)
控制变量	是	是	是	是	是	是
固定效应	是	是	是	是	是	是

续表

变量	(1) 策略性绿色 创新绩效	(2) 实质性绿色 创新绩效	(3) 策略性绿色 创新绩效	(4) 实质性绿色 创新绩效	(5) 策略性绿色 创新绩效	(6) 实质性绿色 创新绩效
Log likelihood	−2068.3013	−3023.5372	−2134.7267	−3025.4536	−2109.4415	−2032.3865
Prob>chi^2	0.0000	0.0000	0.0000	0.0000	0.0000	0.0000
观测值	1802	1802	1802	1802	1802	1802

注：括号内为 t 值；***、**、*分别表示1%、5%、10%的显著性水平；系数的标准误为异方差稳健标准误。

固定效应的负二项回归结果的Stata代码：

```
nbreg STGI Subsidy Subsidy_sq $controls i.Ind i.Prov i.Year, r
nbreg SUGI Subsidy Subsidy_sq $controls i.Ind i.Prov i.Year, r
nbreg STGI Subsidy Subsidy_sq Rule c.Subsidy#c.Rule c.Subsidy_sq#c.Rule ///
    $controls i.Ind i.Prov i.Year, r
nbreg SUGI Subsidy Subsidy_sq Rule c.Subsidy#c.Rule c.Subsidy_sq#c.Rule ///
    $controls i.Ind i.Prov i.Year, r
nbreg STGI Subsidy Subsidy_sq Concern c.Subsidy#c.Concern ///
    c.Subsidy_sq#c.Concern $controls i.Ind i.Prov i.Year, r
nbreg SUGI Subsidy Subsidy_sq Concern c.Subsidy#c.Concern ///
    c.Subsidy_sq#c.Concern $controls i.Ind i.Prov i.Year, r
```

3. 稳健性检验

王永贵和李霞（2023）主要采用两种方式进行稳健性检验：(1) 调整变量度量方式的检验；(2) 行业分样本回归的稳健性检验，回归结果再次证明了假设成立。

替换解释变量的稳健性检验结果的Stata代码：

```
nbreg STGI Subsidy_Rev Subsidy_Rev_sq $controls i.Ind i.Prov i.Year, r
nbreg SUGI Subsidy_Rev Subsidy_Rev_sq $controls i.Ind i.Prov i.Year, r
nbreg STGI Subsidy_Rev Subsidy_Rev_sq Rule c.Subsidy_Rev#c.Rule ///
    c.Subsidy_Rev_sq#c.Rule $controls i.Ind i.Prov i.Year, r
nbreg SUGI Subsidy_Rev Subsidy_Rev_sq Rule c.Subsidy_Rev#c.Rule ///
    c.Subsidy_Rev_sq#c.Rule $controls i.Ind i.Prov i.Year, r
nbreg STGI Subsidy_Rev Subsidy_Rev_sq Concern c.Subsidy_Rev#c.Concern ///
    c.Subsidy_Rev_sq#c.Concern $controls i.Ind i.Prov i.Year, r
nbreg SUGI Subsidy_Rev Subsidy_Rev_sq Concern c.Subsidy_Rev#c.Concern ///
    c.Subsidy_Rev_sq#c.Concern $controls i.Ind i.Prov i.Year, r
```

替换被解释变量的稳健性检验结果的 Stata 代码：

```
nbreg STGI1 Subsidy Subsidy_sq $controls i.Ind i.Prov i.Year, r
nbreg SUGI1 Subsidy Subsidy_sq $controls i.Ind i.Prov i.Year, r
nbreg STGI1 Subsidy Subsidy_sq Rule c.Subsidy#c.Rule c.Subsidy_sq#c.Rule    ///
    $controls i.Ind i.Prov i.Year, r
nbreg SUGI1 Subsidy Subsidy_sq Rule c.Subsidy#c.Rule c.Subsidy_sq#c.Rule    ///
    $controls i.Ind i.Prov i.Year, r
nbreg STGI1 Subsidy Subsidy_sq Concern c.Subsidy#c.Concern c.Subsidy_sq#c.Concern    ///
    $controls i.Ind i.Prov i.Year, r
nbreg SUGI1 Subsidy Subsidy_sq Concern c.Subsidy#c.Concern c.Subsidy_sq#c.Concern    ///
    $controls i.Ind i.Prov i.Year, r
```

行业分样本回归的稳健性检验结果的 Stata 代码：

```
global controls "Age Size SOE Growth Lroa Market Alr Share PC"
gen above=0
egen median_EnvFund=median(EnvFund)
replace above=1 if EnvFund >= median_EnvFund
nbreg STGI Subsidy Subsidy_sq $controls i.Ind i.Prov i.Year, r, if above==1
nbreg STGI Subsidy Subsidy_sq $controls i.Ind i.Prov i.Year, r, if above==0
nbreg SUGI Subsidy Subsidy_sq $controls i.Ind i.Prov i.Year, r, if above==1
nbreg SUGI Subsidy Subsidy_sq $controls i.Ind i.Prov i.Year, r, if above==0
nbreg STGI Subsidy Subsidy_sq Rule c.Subsidy#c.Rule c.Subsidy_sq#c.Rule    ///
    $controls i.Ind i.Prov i.Year, r, if above==1
nbreg STGI Subsidy Subsidy_sq Rule c.Subsidy#c.Rule c.Subsidy_sq#c.Rule    ///
    $controls i.Ind i.Prov i.Year, r, if above==0
nbreg SUGI Subsidy Subsidy_sq Rule c.Subsidy#c.Rule c.Subsidy_sq#c.Rule    ///
    $controls i.Ind i.Prov i.Year, r, if above==1
nbreg SUGI Subsidy Subsidy_sq Rule c.Subsidy#c.Rule c.Subsidy_sq#c.Rule    ///
    $controls i.Ind i.Prov i.Year, r, if above==0
nbreg STGI Subsidy Subsidy_sq Concern c.Subsidy#c.Concern c.Subsidy_sq#c.Concern    ///
    $controls i.Ind i.Prov i.Year, r, if above==1
nbreg STGI Subsidy Subsidy_sq Concern c.Subsidy#c.Concern c.Subsidy_sq#c.Concern    ///
    $controls i.Ind i.Prov i.Year, r, if above==0
nbreg SUGI Subsidy Subsidy_sq Concern c.Subsidy#c.Concern c.Subsidy_sq#c.Concern    ///
    $controls i.Ind i.Prov i.Year, r, if above==1
nbreg SUGI Subsidy Subsidy_sq Concern c.Subsidy#c.Concern c.Subsidy_sq#c.Concern    ///
    $controls i.Ind i.Prov i.Year, r, if above==0
```

4. 内生性问题处理

为了缓解内生性问题，王永贵和李霞（2023）主要采用工具变量法（IV）和倾向得分匹配法（PSM）进行处理。（1）工具变量法。选择与政府研发补助同一时期的省级政府财政收入为工具变量。（2）倾向得分匹配法。考虑该文的实际情况，用最近邻匹配法按 1∶1 的比例进行匹配，并对匹配后得到的样本数据再次进行回归，回归结果与文中一致，证明了该文假设成立。

工具变量检验结果的 Stata 代码：

```
tab Ind, gen(dInd)
tab Prov, gen(dProv)
tab Year, gen(dYear)
xtivreg2 STGI(Subsidy=GovRev) Subsidy_sq Rule c.Subsidy#c.Rule c.Subsidy_sq#c.Rule ///
    Concern c.Subsidy#c.Concern c.Subsidy_sq#c.Concern ///
    $controls dInd* dProv* dYear*, r first
xtivreg2 SUGI(Subsidy=GovRev) Subsidy_sq Rule c.Subsidy#c.Rule c.Subsidy_sq#c.Rule ///
    Concern c.Subsidy#c.Concern c.Subsidy_sq#c.Concern ///
    $controls dInd* dProv* dYear*, r first
```

PSM 检验结果的 Stata 代码：

```
global controls "Age Size SOE Growth Lroa Market Alr Share PC"
global fixs "i.Ind i.Prov i.Year"
xtreg STGI Subsidy Subsidy_sq Rule Concern c.Subsidy#c.Rule c.Subsidy_sq#c.Rule ///
c.Subsidy#c.Concern c.Subsidy_sq#c.Concern $controls $fixs, r
xtreg SUGI Subsidy Subsidy_sq Rule Concern c.Subsidy#c.Rule c.Subsidy_sq#c.Rule ///
    c.Subsidy#c.Concern c.Subsidy_sq#c.Concern $controls $fixs, r
```

5. 进一步分析

王永贵和李霞（2023）进一步分析了实质性绿色创新和策略性绿色创新对企业经济价值的影响，结果如表 4-2 所示。企业的实质性绿色创新绩效以及策略性绿色创新绩效均能提升企业的经济价值，且实质性绿色创新绩效对企业经济价值的提升作用均更为显著。

表 4-2　绿色创新对企业经济价值的影响

变量	(1)	(2)
	净资产收益率	托宾 Q 值
策略性绿色创新绩效	0.1179**	0.2028***
	(0.0539)	(0.0528)

续表

变量	(1)	(2)
	净资产收益率	托宾 Q 值
实质性绿色创新绩效	0.1537***	0.2641***
	(0.0361)	(0.0618)
控制变量	是	是
固定效应	是	是
$R2$	0.2792	0.3257
观测值	1802	1802

注：括号内为 t 值；***、**、*分别表示 1%、5%、10%的显著性水平；系数的标准误为异方差稳健标准误。

绿色创新对企业经济价值影响的 Stata 代码：

```
reghdfe ROE STGI SUGI $controls, absorb(Ind Prov Year) vce(cluster Ind Prov Year)
reghdfe Tqv STGI SUGI $controls, absorb(Ind Prov Year) vce(cluster Ind Prov Year)
```

组间差异性检验 Stata 代码：

```
local m1 "nbreg STGI Subsidy Subsidy_sq $controls i.Ind i.Prov i.Year, r"
bdiff, group(above) model (`m1') reps(1000) seed(1111) bs first detail
local m2 "nbreg SUGI Subsidy Subsidy_sq $controls i.Ind i.Prov i.Year, r"
bdiff, group(above) model (`m2') reps(1000) seed(1111) bs first detail
local m3 "nbreg STGI Subsidy Subsidy_sq Rule c.Subsidy#c.Rule c.Subsidy_sq#c.Rule ///
    $controls i.Ind i.Prov i.Year, r"
bdiff, group(above) model (`m3') reps(1000) seed(1111) bs first detail
local m4 "nbreg SUGI Subsidy Subsidy_sq Rule c.Subsidy#c.Rule c.Subsidy_sq#c.Rule ///
    $controls i.Ind i.Prov i.Year, r"
bdiff, group(above) model (`m4') reps(1000) seed(1111) bs first detail
local m5 "nbreg STGI Subsidy Subsidy_sq Concern c.Subsidy#c.Concern ///
    c.Subsidy_sq#c.Concern $controls i.Ind i.Prov i.Year, r"
bdiff, group(above) model (`m5') reps(1000) seed(1111) bs first detail
local m6 "nbreg SUGI Subsidy Subsidy_sq Concern c.Subsidy#c.Concern ///
    c.Subsidy_sq#c.Concern $controls i.Ind i.Prov i.Year, r"
bdiff, group(above) model (`m6') reps(1000) seed(1111) bs first detail
```

二、连锁董事绿色经历会促进企业绿色创新“增量提质”吗

（一）内容概述

该文基于资源依赖理论，选择 2008～2021 年中国 A 股上市公司的数据，验证连锁董事绿色经历是否能够促进企业绿色创新，并分析其作用机制。研究表明，有绿色经历的连锁董事有利于企业绿色创新，并且对绿色创新的数量还是质量都有促进作用。该文的结论不仅揭示了企业如何通过绿色经历联结来突破绿色创新限制的影响机制，而且对于改善中国绿色创新主体结构失衡问题具有重要的参考价值。

（二）变量选择与样本数据

由于该文的因变量是偏态因变量，因此王分棉和贺佳（2023）选择了更合适的高维固定效应面板泊松模型对假设进行实证检验，对涉及的主要变量进行描述性统计，结果如表 4-3 所示。

主要变量描述性统计的 Stata 代码：

```
global cv"RD_intensity Ln_Enpro ROA Firmage Firmsize Leverage    ///
    Boardsize Independent Centrality Ownership Stateown"
sum GreenPatent GreenUitility GreenInvent EE_Interlock $cv Analysts    ///
    Loan Myopia    /// GreenAware GreenAction GreenEducation
```

描述性统计结果表明，样本企业中的绿色专利申请量差异较大且总体数量较少，同时，EE Interlock（有绿色经历连锁董事）的数量较少，这说明样本企业总体研发强度较低。

表 4-3 主要变量描述性统计

变量名称	观测值	均值	标准差	最小值	最大值
GreenPatent	16475	7.3957	40.1754	0.0000	1566.0000
GreenUtility	16475	3.4159	17.6870	0.0000	610.0000
GreenInvent	16475	3.9798	24.8754	0.0000	977.0000
EE _ Interlock	16475	0.1018	0.4532	0.0000	6.0000
R&D intensity	16475	0.0475	0.0470	0.0000	0.3169
Ln _ Enpro	16475	1.1053	4.0765	0.0000	22.8088
ROA	16475	0.0480	0.0668	−0.3358	0.2406
Firmage	16475	16.4551	5.9312	2.0000	32.0000
Firmsize	16475	7.8005	1.2021	3.7136	11.0958

续表

变量名称	观测值	均值	标准差	最小值	最大值
Leverage	16475	0.4077	0.2000	0.0565	0.9360
Boardsize	16475	8.5333	1.6470	5.0000	15.0000
Independent	16475	0.3750	0.0540	0.1818	0.5714
Centrality	16475	0.0173	0.0782	0.0000	1.7038
Ownership	16475	0.6051	0.1541	0.2222	0.9546
Stateown	16475	0.2738	0.4460	0.0000	1.0000
Analysts	16475	8.1675	10.2892	0.0000	75.0000
Loan	16475	13.7910	9.7076	0.0000	26.7014
Myopia	16475	0.0806	0.0660	0.0000	0.8550
GreenAware	16475	0.0007	0.0009	0.0000	0.0373
GreenAction	16475	0.1496	0.3567	0.0000	1.0000
GreenEducation	16475	0.1010	0.3013	0.0000	1.0000

（三）模型估计与检验

1. 理论分析与假设

王分棉和贺佳（2023）在文中提出两个假设。

假设 1：有绿色经历的连锁董事有利于促进企业绿色创新“增量提质”。

假设 2：新《环保法》实施后，相较于没有绿色经历的连锁董事的企业，有绿色经历的连锁董事对企业绿色创新“增量提质”的促进作用显著增强。

2. 回归结果

（1）基准回归。如表 4-4 所示，有绿色经历的连锁董事数量（EE Interlock）的系数均在 1%水平上显著，说明有绿色经历的连锁董事有利于企业绿色创新，并且绿色创新的数量和质量都显著提升，假设 1 得到验证。

有绿色经历的连锁董事对企业绿色创新影响的 Stata 代码：

```
ppmlhdfe GreenPatent   $cv, absorb( year industry )
est store c1
ppmlhdfe GreenPatent EE_Interlock   $cv , absorb( year industry)
est store c2
ppmlhdfe GreenUitility   $cv, absorb( year industry )
est store c3
ppmlhdfe GreenUitility EE_Interlock   $cv , absorb( year industry)
est store c4
```

```
ppmlhdfe GreenInvent    $cv, absorb( year industry )
est store c5
ppmlhdfe GreenInvent EE_Interlock $cv , absorb( year industry )
est store c6
```

表 4-4 有绿色经历的连锁董事对企业绿色创新的影响

解释变量	(1) GreenPatent	(2) GreenPatent	(3) GreenUtility	(4) GreenUtility	(5) GreenInvent	(6) GreenInvent
R&D intensity	1.8164* (0.9122)	1.8036* (0.9027)	1.1308* (0.6506)	1.0757* (0.6427)	2.2093* (1.1382)	2.2098* (1.1304)
Ln _ Enpro	0.0110 (0.0092)	0.0104 (0.0090)	0.0034 (0.0060)	0.0027 (0.0056)	0.0175 (0.0125)	0.0170 (0.0124)
ROA	3.3723* (0.4863)	3.3974* (0.4845)	3.2038* (0.4645)	3.2433* (0.4616)	3.4700* (0.6277)	3.4856* (0.6021)
Firmage	−0.0326** (0.0056)	−0.0321** (0.0056)	−0.0375** (0.0049)	−0.0369** (0.0049)	−0.0287** (0.0071)	−0.0283** (0.0071)
Firmsize	0.6923*** (0.0339)	0.6877*** (0.0336)	0.6870*** (0.0294)	0.6809*** (0.0290)	0.7027*** (0.0420)	0.6994*** (0.0417)
Leverage	1.5557*** (0.1710)	1.3684*** (0.1707)	1.3905*** (0.1593)	1.4041*** (0.1592)	1.3120*** (0.2182)	1.3219*** (0.2179)
Boardsize	−0.0299 (0.0263)	−0.0252 (0.0258)	−0.0504** (0.0212)	−0.0431** (0.0202)	−0.0152 (0.0329)	−0.0124 (0.0327)
Independent	0.4745 (0.6229)	0.4053 (0.6181)	0.873 (0.5995)	0.8137 (0.5848)	0.0756 (0.7298)	0.0131 (0.7330)
Centrality	−0.0377 (0.2233)	−1.0660*** (0.2910)	0.2293 (0.2169)	−0.9209*** (0.2751)	−0.2951 (0.2635)	−1.1530*** (0.3583)
Ownership	0.1038 (0.1892)	0.0918 (0.1880)	−0.1890 (0.1644)	−0.1954 (0.1623)	0.3714 (0.2480)	0.3576 (0.2472)
Stateown	0.3940*** (0.0770)	0.3940*** (0.0774)	0.1625*** (0.0581)	0.1620*** (0.0585)	0.5798*** (0.1034)	0.5801*** (0.1037)
EE _ Interlock	0.2273 (0.0566)		0.2499*** (0.0493)		0.1933*** (0.0740)	
常数项	−3.9722*** (0.4453)	−3.9723*** (0.4441)	−4.2193*** (0.3923)	−4.2417*** (0.3902)	−4.9762*** (0.5582)	−4.9644*** (0.5573)

续表

解释变量	(1) GreenPatent	(2) GreenPatent	(3) GreenUtility	(4) GreenUtility	(5) GreenInvent	(6) GreenInvent
年份固定效应	是	是	是	是	是	是
行业固定效应	是	是	是	是	是	是
R^2-P	0.529	0.532	0.530	0.534	0.470	0.471
观测值	16475	16475	16471	16471	16475	16475

注：括号内为 *t* 值；***、**、*分别表示 1%、5%、10%的显著性水平；系数的标准误为异方差稳健标准误。

（2）内生性问题。为了缓解因自选择偏误所造成的内生性问题，王分棉和贺佳（2023）采用了 Heckman 两阶段模型进行验证。

Heckman 两阶段检验 Stata 代码：

```
probit EE_interlock_D ROA Firmage Firmsize Leverage Boardsize Independent  yr* idy*
est store c1
predict tau, xb
gen mills=normalden(tau)/normal(tau)
ppmlhdfe GreenPatent EE_Interlock mills $cv , absorb(year industry)
est store c2
ppmlhdfe GreenUitility EE_Interlock mills $cv, absorb(year industry)
est store c3
ppmlhdfe GreenInvent EE_Interlock mills $cv , absorb(year industry)
est store c4
```

（3）稳健性检验。为了检验实证结果的稳健性，王分棉和贺佳（2023）采用了替换主要变量的方式。①用有绿色经历的连锁董事在董事会席位的占比（EE Interlock Ratio）替代自变量进行回归分析，结果与文中结果一致。②采用绿色创新占比作为绿色创新的替代变量，并采用分数 Probit 回归模型（Fractional Probit Regression）进行检验（检验结果如表 4-5 所示），再次验证了文中的假设。

表 4-5　稳健性检验

解释变量	(1) GreenPatent	(2) GreenUtility	(3) GreenInvent	(4) GreenPatent_R	(5) GreenUtility_R	(6) GreenInvent_R
R&D intensity	1.8380** (0.9019)	1.1331* (0.6410)	2.2305** (1.1300)	−0.3173 (0.2511)	−0.4234 (0.2844)	0.9079*** (0.2511)

续表

解释变量	(1) GreenPatent	(2) GreenUtility	(3) GreenInvent	(4) GreenPatent_R	(5) GreenUtility_R	(6) GreenInvent_R
Ln _ Enpro	0.0104 (0.0089)	0.0027 (0.0055)	0.0170 (0.0124)	0.0045** (0.0022)	0.0044** (0.0023)	0.0055*** (0.0023)
ROA	3.3913*** (0.4850)	3.2329*** (0.4615)	3.4819*** (0.6026)	−0.6377**** (0.1658)	−0.2871* (0.1719)	−0.2159 (0.1724)
Firmage	−0.0317*** (0.0056)	−0.0364*** (0.0049)	−0.0281*** (0.0071)	0.0060** (0.0019)	0.0025 (0.0020)	0.0043** (0.0020)
Firmsize	0.6860*** (0.0337)	0.6784*** (0.0291)	0.6984*** (0.0418)	0.1122*** (0.0098)	0.1308*** (0.0105)	0.1513*** (0.0103)
Leverage	1.3733*** (0.1705)	1.4103*** (0.1590)	1.3252*** (0.1728)	0.2839*** (0.0637)	0.4055*** (0.0677)	0.3280*** (0.0675)
Boardsize	−0.0208 (0.0259)	−0.0369* (0.0203)	−0.0096 (0.0327)	−0.0150** (0.0069)	−0.0088 (0.0074)	−0.0090 (0.0072)
Independent	0.7346 (0.6249)	0.7355 (0.5879)	−0.0275 (0.7415)	−0.3197 (0.1978)	−0.5851*** (0.2131)	−0.0704 (0.2086)
Centrality	−1.0302*** (0.2725)	−0.9024*** (0.2536)	−1.0730*** (0.3425)	−0.0508 (0.1411)	−0.0493 (0.1551)	−0.2032 (0.1458)
Ownership	0.1051 (0.1877)	−0.1754 (0.1616)	0.3660 (0.2647)	−0.2677*** (0.0654)	−0.2441*** (0.0687)	−0.1251* (0.0690)
Stateown	0.3943*** (0.0976)	0.1614*** (0.0586)	0.5807*** (0.1038)	0.1043*** (0.0245)	0.0910*** (0.0258)	0.1266*** (0.0259)
EE interlock Ratio	1.8358*** (0.04187)	2.0456*** (0.3520)	1.5061*** (0.5773)			
EE interlock				0.0514*** (0.0229)	0.0611*** (0.0254)	0.0768*** (0.0247)
常数项	−3.9916*** (0.4462)	−4.2722*** (0.3930)	−4.9769*** (0.5584)	0.4502*** (0.1978)	−0.3782* (0.2020)	−6.186*** (0.1989)
年份固定效应	是	是	是	是	是	是
行业固定效应	是	是	是	是	是	是
R^2-*P*	0.532	0.535	0.471	0.121	0.103	0.108
观测值	16475	16471	16475	16475	16475	16475

注：括号内为 t 值；***、**、*分别表示1%、5%、10%的显著性水平；系数的标准误为异方差稳健标准误。

稳健性检验 Stata 代码：

```
ppmlhdfe GreenPatent EE_interlock_Ratio $cv , absorb( year industry)
est store c1
ppmlhdfe GreenUitility EE_interlock_Ratio $cv , absorb( year industry)
est store c2
ppmlhdfe  GreenInvent EE_interlock_Ratio $cv , absorb( year industry )
est store c3
fracreg probit GreenPatent_R EE_Interlock $cv yr* idy*
est store c4
fracreg probit GreenUitility_R EE_Interlock $cv yr* idy*
est store c5
fracreg probit GreenInvent_R EE_Interlock $cv yr* idy*
est store c6
```

（4）DID 模型。王分棉和贺佳（2023）选择双重差分（DID）模型对假设 2 进行验证。表 4-6 列示了新《环保法》实施后，有绿色经历的连锁董事对企业绿色创新的影响，证明了假设 2 成立。此外，通过平行趋势检验方法发现，在新《环保法》实施前，企业的绿色创新水平不存在系统性差异，因此满足平行趋势假说。

表 4-6　DID 模型

变量名称	(1) GreenPatent	(2) GreenUtility	(3) GreenInvent	(4) GreenPatent	(5) GreenUtility	(6) GreenInvent
Treat	−0.0519 (0.0556)	−0.0506 (0.0470)	−0.0485 (0.0475)	0.0030 (0.1805)	−0.0976 (0.1527)	0.0211 (0.1541)
Time	0.5191*** (0.2136)	0.1073 (0.1807)	0.5784*** (0.1823)	0.5262** (0.2137)	0.1132 (0.1808)	0.5832*** (0.1824)
Treat×*Time*	0.1616** (0.0627)	0.1481*** (0.0531)	0.0987* (0.0536)			
Treat×*Year*2014				0.0726 (0.0977)	0.0998 (0.0826)	0.0545 (0.0834)
Treat×*Year*2013				−0.0176 (0.1639)	0.0504 (0.1387)	−0.0030 (0.1399)
Treat×*Year*2012				−0.1501 (0.2261)	−0.2108 (0.1914)	−0.1456 (0.1930)
Treat×*Year*2011				0.1684 (0.2523)	0.2349 (0.2135)	0.1025 (0.2154)
常数项	−0.7099 (0.5031)	−0.6279 (0.4257)	−0.5345 (0.4295)	−0.7105 (0.5033)	−0.6340 (0.4259)	−0.5343 (0.4296)

续表

变量名称	(1) GreenPatent	(2) GreenUtility	(3) GreenInvent	(4) GreenPatent	(5) GreenUtility	(6) GreenInvent
控制变量	控制	控制	控制	控制	控制	控制
年份固定效应	是	是	是	是	是	是
行业固定效应	是	是	是	是	是	是
R^2	0.163	0.127	0.163	0.127	0.107	
观测值	16475	16475	16475	16475	16475	16475

注：括号内为 t 值；***、**、*分别表示1%、5%、10%的显著性水平；系数的标准误为异方差稳健标准误。

新《环保法》实施后，有绿色经历的连锁董事对企业绿色创新影响的 Stata 代码：

```
xtreg Ln_GreenPatent i. Treat##i. Time $cv yr* idy*, fe
est store c1
xtreg Ln_GreenUitility i. Treat##i. Time $cv yr* idy*, fe
est store c2
xtreg Ln_GreenInvent i. Treat##i. Time $cv yr* idy*, fe
est store c3
xtreg Ln_GreenPatent Treat Time Treat_year2014 Treat_year2013 Treat_year2012 ///
    Treat_year2011 $cv yr* idy*, fe
est store c4
xtreg Ln_GreenUitility Treat Time Treat_year2014 Treat_year2013 Treat_year2012 ///
    Treat_year2011 $cv yr* idy*, fe
est store c5
xtreg Ln_GreenInvent Treat Time Treat_year2014 Treat_year2013 Treat_year2012 ///
    Treat_year2011 $cv yr* idy*, fe
est store c6
```

安慰剂检验 Stata 代码：

```
use 数据.dta, clear
global cv"RD_intensity Ln_Enpro ROA Firmage Firmsize Leverage Boardsize ///
    Independent Centrality Ownership Stateown"
gen did=Treat * Time
cap erase "placebo.dta"
permute did beta =_b[did], reps(500) seed(123) ///
    saving("placebo.dta"): xtreg Ln_GreenPatent did $cv yr* idy*, fe
```

```
use "placebo. dta", clear
#delimit ;
dpplot beta, xline(5. 288, lc(black * 0. 5) lp(dash))
     xline(0, lc(black * 0. 5) lp(solid))
     xtitle("Estimator", size( * 0. 8))
     xlabel(-0. 08(0. 04)0. 08, format(%4. 1f) labsize(small))
     ytitle("Density", size( * 0. 8))
     ylabel(, nogrid format(%4. 1f) labsize(small))
     note("") caption("")
     graphregion(fcolor(white));
#delimit cr

use 数据. dta, clear
global cv"RD_intensity Ln_Enpro ROA Firmage Firmsize Leverage Boardsize    ///
     Independent Centrality Ownership Stateown"
gen did=Treat * Time
cap erase "placebo. dta"
permute did beta =_b[did], reps(500) seed(123)    ///
     saving("placebo. dta"): xtreg Ln_GreenUitility did $cv yr* idy* , fe
use "placebo. dta", clear
#delimit ;
dpplot beta, xline(5. 288, lc(black * 0. 5) lp(dash))    ///
     xline(0, lc(black * 0. 5) lp(solid))    ///
     xtitle("Estimator", size( * 0. 8))    ///
     xlabel(-0. 08(0. 04)0. 08, format(%4. 1f) labsize(small))    ///
     ytitle("Density", size( * 0. 8))    ///
     ylabel(, nogrid format(%4. 1f) labsize(small))    ///
     note("") caption("")    ///
     graphregion(fcolor(white));
#delimit cr
use 数据. dta, clear
global cv"RD_intensity Ln_Enpro ROA Firmage Firmsize Leverage    ///
     Boardsize Independent Centrality Ownership Stateown"
gen did=Treat * Time
cap erase "placebo. dta"
permute did beta =_b[did], reps(500) seed(123)    ///
     saving("placebo. dta"): xtreg Ln_GreenInvent did $cv yr* idy* , fe
```

```
use "placebo.dta", clear
#delimit ;
dpplot beta, xline(5.288, lc(black*0.5) lp(dash))    ///
    xline(0, lc(black*0.5) lp(solid))    ///
    xtitle("Estimator", size(*0.8))    ///
    xlabel(-0.08(0.04)0.08, format(%4.1f) labsize(small))    ///
    ytitle("Density", size(*0.8))    ///
    ylabel(, nogrid format(%4.1f) labsize(small))    ///
    note("") caption("")    ///
    graphregion(fcolor(white));
#delimit cr
```

（5）机制分析。王分棉和贺佳（2023）参考江艇（2022）提出的中介效应两步法来验证信息不对称程度以及融资约束的中介效应，结果如表 4-7 所示。第（1）列和第（2）列分别验证了信息不对称程度以及融资约束的中介作用。第（3）列、第（4）列、第（5）列分别验证了有绿色经历的连锁董事对高管短视倾向的作用以及高管短视倾向对信息不对称程度和融资约束的作用。根据回归结果，该文最终证明了有绿色经历连锁董事通过减轻高管短视倾向从而降低信息不对称和缓解融资约束，最终达到绿色创新“增量提质”目标这一逻辑链条。

有绿色经历的连锁董事通过减轻高管短视倾向对信息不对称和融资约束的影响：

```
ppmlhdfe Analysts EE_Interlock $cv, absorb(year industry)
est store c1
ppmlhdfe Loan EE_Interlock $cv, absorb(year industry)
est store c2
fracreg probit Myopia EE_Interlock $cv yr* idy*
est store c3
ppmlhdfe Analysts Myopial $cv, absorb(year industry)
est store c4
ppmlhdfe Loan Myopial $cv, absorb(year industry)
est store c5
```

有绿色经历的连锁董事通过减轻高管短视倾向对绿色创新的影响：

```
ppmlhdfe GreenPatent Myopial $cv, absorb(year industry)
est store c1
ppmlhdfe GreenUitility Myopial $cv, absorb(year industry)
```

```
est store c2
ppmlhdfe GreenInvent Myopial $ cv, absorb(year industry)
est store c3
ppmlhdfe GreenPatent Analystsl $ cv, absorb(year industry)
est store c4
ppmlhdfe GreenUitility Analystsl $ cv, absorb(year industry)
est store c5
ppmlhdfe GreenInvent Analystsl $ cv, absorb(year industry)
est store c6
ppmlhdfe GreenPatent Loanl $ cv, absorb(year industry)
est store c7
ppmlhdfe GreenUitility Loanl $ cv, absorb(year industry)
est store c8
ppmlhdfe GreenInvent Loanl $ cv, absorb(year industry)
est store c9
```

表 4-7 中介效应

解释变量	(1) Analysts	(2) Loan	(3) Myopia	(4) Analysts	(5) Loan
EE Interlock	0.0461** (0.0218)	0.0332*** (0.0115)	−0.0154* (0.0092)		
Myopia				−1.1685*** (0.1436)	−0.1697** (0.0660)
常数项	−1.6076*** (0.1172)	1.2756*** (0.0635)	−1.1874*** (0.0661)	−1.5388*** (0.1169)	1.2902*** (0.0638)
控制变量	控制	控制	控制	控制	控制
年份固定效应	是	是	是	是	是
行业固定效应	是	是	是	是	是
R^2_P	0.297	0.164	0.011	0.300	0.164
观测值	16475	16471	16475	16475	16471

注：括号内为 *t* 值；***、**、*分别表示 1%、5%、10%的显著性水平；系数的标准误为异方差稳健标准误。

第六节　面板数据回归分析方法的发展及展望

一、面板数据回归分析的前沿方法

（一）短面板数据分析

短面板数据通常指时间维度较短的面板数据。这类数据常见于短期研究项目和实验设计中，包括面板数据模型的设定、估计及标准误修正，通过 Stata 软件进行操作演示，帮助研究者掌握基本程序。例如，分析经济政策变化对消费者行为的影响时，使用短面板数据可以快速捕捉短期内的变动并进行估计。

（二）长面板数据分析

长面板数据分析侧重于时间跨度较长的数据集，适合长期追踪研究，涉及长面板数据的特定问题，例如香烟需求函数估计，并通过三大命令进行检验。长面板数据常用于研究经济增长趋势、慢性病发展等长期现象。

（三）动态面板数据模型

动态面板数据模型主要用于分析变量的滞后效应，特别适合处理具有动态调整特性的数据。研究企业投资决策时，考虑前期投资额对当期投资的影响，可以运用 DIF-GMM 与 SYS-GMM 等动态面板数据模型进行分析。

二、面板数据回归分析的未来趋势

（一）更高效的计算技术

随着计算能力的提高和大数据技术的发展，处理大规模面板数据将变得更加高效和快速，未来的软件和算法可能会提供更优化的数据处理功能，如自动化数据清洗、缺失值处理和并行计算等。

（二）更复杂的模型开发

研究者将开发出更多复杂且灵活的面板数据模型，以适应不同的研究场景。这些模型会考虑更多的动态因素、非线性关系以及个体间的异质性互动。

（三）更广泛的应用领域

面板数据分析将被应用于更多的研究领域，如环境科学、生物统计学和网络经济学等。随着社会问题的多样化，面板数据回归分析在政策评估、公共卫生和教育领域的应用将更加广泛和深入。

延伸阅读

《面板数据计量经济学》由白仲林（2019）所著，对面板数据计量经济分析方法进行了较为全面的论述。该书涵盖了现代面板数据计量分析技术，特别是在似不相关回归模型、动态面板模型、空间面板模型、联立方程组模型、限制因变量模型、非线性回归模型、面板向量自回归模型、非平稳面板分析、因果效应分析等领域，突出了理论性、实用性和前沿性等特色。

Analysis of Panel Data 由郑孝（Hsiao Cheng，2002）所著，主要对面板数据进行了分析。面板数据模型在应用研究中越来越受欢迎，因为与横截面或时间序列数据模型相比，面板数据模型具有更高的捕捉人类行为复杂性的能力。本书包括对理论的深入讨论和对实例的灵活运用，因此对商学、社会学、经济学等领域的研究非常具有参考价值。

主要参考文献

[1] 白仲林. 面板数据计量经济学[M]. 北京：清华大学出版社，2019.

[2] 王永贵，李霞. 促进还是抑制：政府研发补助对企业绿色创新绩效的影响[J]. 中国工业经济，2023(2)：131-149.

[3] 王分棉，贺佳，陈丽莉. 连锁董事绿色经历会促进企业绿色创新"增量提质"吗[J]. 中国工业经济，2023(10)：155-173.

[4] 王营，曹廷求. 董事网络增进企业债务融资的作用机理研究[J]. 金融研究，2014(7)：189-206.

[5] 徐佳，崔静波. 低碳城市和企业绿色技术创新[J]. 中国工业经济，2020(12)：178-196.

[6] 于飞，刘明霞，王凌峰，李雷. 知识耦合对制造企业绿色创新的影响机理——冗余资源的调节作用[J]. 南开管理评论，2019(3)：54-65.

[7] 周煜皓. 我国企业创新融资约束结构性特征的表现、成因及治理研究[J]. 管理世界，2017(4)：184-185.

[8] Bai, Y., S. Song, J. Jiao, and R. Yang. The Impacts of Government R&D Subsidies on Green Innovation: Evidence from Chinese Energy-Intensive Firms[J]. Journal of Cleaner Production, 2019, 233: 819-829.

[9] Hsiao, Cheng. Analysis of Panel Data[M]. Warrenton: Cambridge University Press, 2002.

[10] Wu, A. The Signal Effect of Government R&D Subsidies in China: Does Ownership Matter[J]. Technological Forecasting and Social Change, 2017, 117, 339-345.

[11] Yao, Q., S. Zeng, S. Sheng, and S. Gong. Green Innovation and Brand Equity: Moderating Effects of Industrial Institutions[J]. Asia Pacific Journal of Management, 2021, 38(2): 573-602.

[12] Zhou, D., Y. Qiu, and M. Wang. Does Environmental Regulation Promote Enterprise Profitability? Evidence from the Implementation of China's Newly Revised Environmental Protection Law[J]. Economic Modelling, 2021.

第五章

回归分析方法的应用（上）：决策有用性的信息观

本章导读

本章通过分析决策有用性的信息观，指出企业财务报表应当包括企业资产的使用情况、现金流量的真实状况、企业的相关财务指标等内容，以保证财务报表的相关性和可靠性；通过对上市公司财务状况的分析，帮助投资者了解公司的实际状况，从而更好地进行投资决策。此外，通过“互动易”“上证e互动”等渠道收集投资者的问题，考察在线平台互动与公司股价崩盘风险之间的关系，着重探讨企业的ESG（环境、社会和治理）表现对其短债长用程度的影响。研究发现，在非对称性会计信息环境下，上市公司的信息披露更能成为上市公司高管隐瞒自身道德缺失及其经营业绩等不道德行为的工具，从而造成分散投资者注意力的不良后果。可见，增强会计信息的相关度与可信度，可以为投资者提供有价值的会计信息，有助于企业吸引外国资金、扩大融资渠道，对企业决策有用性的提升具有十分重要的意义。

第一节　概念

一、决策有用性

作为决策有用性观点的代表，Beaver 指出，会计信息应该帮助投资者进行价值评估，提升会计信息的决策有用性，利于管理层和投资者签订合同时的监管和实施。更多的研究从资讯观点与计量经济学观点对决策有用性进行诠释。信息观把决策有用性看作能够给投资者提供更加可靠和完整的会计信息，也就是说，决策有用性就是信息内容。计量经济学的观点是，在确保信息可靠的前提下，应该向投资者提供更具相关性的信息，从而帮助其对公司的未来价值进行预测。美国《GAAP》在 2006 年对决策有用性的定义是："最有价值的决定信息，就是在投资者对未来做出预期时，能够使其产生不同决定的信息。"财政部会计司在《企业会计准则讲解（2008）》中对决策有用性的定义是，企业所公布的财务报表应当包括企业资产的使用情况、现金流量的真实状况、企业的相关财务指标等，以便于信息用户在企业披露的情况下做出正确的选择。

二、决策有用性的支柱——会计信息的相关性和可靠性

（一）披露信息的相关性

相关性是会计信息决策有用性的一个重要特征，它要求公司在披露信息时，将投资者需要的信息包括进来。通过这种方式，投资者可以了解公司的运营情况及未来发展趋势，以便进行投资决策。一家公司所提供会计信息的有用性，最直接的表现就是它能否给投资者的决策带来帮助。此外，会计信息有用性还可以用来预测公司的发展。例如，公司的财务状况、资本运用情况以及对公司未来发展的影响等信息，可以让会计信息使用者根据公司目前的状况，对公司的未来发展做出某种预测。

公司所提供的高品质会计资讯，将影响资讯使用者的决策。与之相关联的会计信息有用性通常表现为：①具有合理的预测价值。这就意味着，会计信息能给投资者提供一些对公司今后发展经营有价值的信息，帮助投资者进行预测与决策。②上市公司信息披露的及时性和有效性。在向投资者提供会计信息的过程中，如果信息披露延迟了，那么它的价值就会相应地下降。及时、有效的信息可以更好地反映会计信息的决策有用性。

（二）披露信息的可靠性

可靠性是会计信息的又一重要特性。相关性与可靠性是不可缺少的，它们都会影响会计信息决策的有效性。但是，在现实生活中，一些上市公司为了获得"靓丽"的财务报表，采用非法的手段，对会计资料进行造假和篡改，导致会计资料出现失真。

通常存在如下不良情况：①一些公司为了实现上市，将公司的资产负债表进行拆分，从而制造高盈利的假象，用不真实的会计资料来欺骗投资者；②以"暗箱操作""资产重组"等方式，对会计报表进行不规范的粉饰；③公司目前采用的会计体系不够科学、合理，或与主流不相适应，这就导致其反映的会计信息可

能出现偏离，误导投资者。

这种虚假的会计信息势必会给投资者的投资决策带来负面影响，并有可能引起一系列的经济纠纷。如果会计信息不能保证最基本的真实性，那么投资者就不会再相信公司了，这将会极大地降低投资者在资本市场上的积极性。

为使会计信息的真实性得到最根本的保证，我们提出两点建议：①企业应根据实际发生的各种业务和经济活动来编制会计信息，并按照会计标准和市场监督的要求来编制会计信息。对企业内部的各种资金活动进行真实汇报，坚决杜绝伪造和篡改会计资料的行为。②会计资料的编制不能只反映企业的实际经营情况，应对各类数据进行全面、系统的汇总，在财务报表中全面披露企业经营的优势和劣势。不能一味地进行片面的披露，以取悦投资者。

三、信息观对会计目标的作用机理

在会计信息可靠性与相关性难以兼顾的情况下，应在二者之间寻找一个平衡点。加拿大会计学专家斯科特提出了基于决策有用性的两种财务报告理念：信息理念和计量理念。以下从理论和实践两个方面来探讨信息观念对会计目标的影响。

自 20 世纪 60 年代以来，无论是在会计学界，还是在各大会计准则制定机构中，信息观都已被普遍接受。1968 年，鲍尔、布朗和比弗等人分别从多个方面论证了上市公司的股价能够对上市公司的会计信息做出相应的反应，可以帮助投资者准确地估算股价的预期收益率与风险，帮助他们做出正确而明智的投资决策。

信息观把决策有用性与信息含量等效，其核心思想是，投资者想要利用一切可以利用的会计资料，对未来的股票收益做出自己的预估，而不是让会计师在理想情况下为其做出预测。也就是说，投资者在进行投资、贷款或其他类似的资源分配时，需要会计师提供更可靠、更相关的会计信息。信息观提倡公司根据公开、公正和充分的信息披露机制来提供会计信息，从而使公司在保证信息使用的前提下，担负起保护投资者利益的任务。

“信息”概念的理论依据是“次强力”的资本市场有效性。在这种假定下，合理的投资者可以对所有已公布的信息（既有财务信息也有非财务信息）进行分析，从而准确地判断同一事项。而对于不能导致企业未来现金流发生改变的会计事项，例如会计政策改变导致的净利润改变，企业只要在财务报告中进行了足够的披露，投资者就可以识别出来。

因而，企业披露的信息愈多，其股价就愈能反映企业的内在价值。而由有效市场带来的价格保障，使企业无须对“无知”的投资人太过顾虑，披露资讯时也无须采取太过简单的方法，确保人人都能明白。这对我国上市公司的上市起到了一定的作用。

因而，在市场效率较高的情况下，应当对会计信息进行全面的披露，以改善其决策有用性。在披露方法上，既可采用财务报告、又可采用附注等方式。在有效的资本市场中，投资者只能对已披露的消息做出响应，这使拥有“信息优势”的投资者能够从中获取超额回报。然而内部人信息及内部人交易的存在，对证券市场的公正原则构成了潜在威胁，因而应在会计信息披露中给予足够的关注。

在会计理论中，信息观理论对会计目的的实现起到了至关重要的作用。目前，我国的会计准则仍然以历史成本计量属性为主，但是，它扩大了“附注”的披露范围，将分部报告的范围扩大到了“分部”，并对“预测”提出了更高的要求，主要内容包括：公司管理层对公司财务、非财务问题的分析，前瞻性资料，股东、高管资料，运营背景资料，社会责任资料等。对上市公司财务状况的分析，可以帮助投资者全面地认识公司的实际运营情况，更好地进行投资决策。

四、新会计准则下会计信息对投资决策的影响

（一）财务报告目标的变化对投资决策的影响

在新的会计准则实施后，我国上市公司的财务报告目标发生了变化，从过去的以受托责任为重点转向以决策有用为导向。随着我国经济制度和资本市场的逐步完善，投资者的大众化程度也在不断提高。为此，我国现有的会计准则把委托责任与决策有用两种观点结合起来，以便更好地满足不同投资者的需要。

在财务报告中，企业有义务将企业的经营状况、财务状况和现金流量等有关会计资料披露给会计信息使用者，并且确保所确认的会计要素的数量可以得到可靠的测量，以协助会计信息使用者做出正确的判断和正确的投资决策。新的会计准则强调，向投资者提供有价值的会计信息，有利于改善我国市场经济环境，提高我国资本市场的国际竞争力。

（二）会计理念的改变对投资决策的影响

新的会计准则所确立的资产负债观，受托责任与决策有用目标的协同观，以及统一报告综合收益的价值理念，从制度上保证了会计信息的价值相关性。

比如，资产负债观强调的是以资产负债表为中心，在会计要素的计算和处理过程中，使用现有价值或公允价值来计量企业的运营收益，这就保证了企业资产和负债存量核算的准确性，防止了人为操纵利润的可能性，提升了会计信息的决策有用性。

资产负债观念的本质是关注股东利益是否能够改善，而非盈利。盈利只是资本的一个组成部分，只有当企业的资本净值增长时，企业的价值和股东的财富才会增加，投资者才能获得回报。因而，资产负债观念以资产净值为重点，而非单纯的利润，更能反映出会计信息的关联性与决策有用性。我国的新会计准则在本质上与国际会计准则基本一致，可以为投资者提供有价值的会计信息，有助于企业吸引外国资金，扩大融资渠道。

第二节　网络平台互动与股价崩盘风险

一、会计信息相关性和可靠性对决策有用性的影响

通过以上的理论分析我们可以看到，新的网络传播媒体在扩大投资者获得信息途径和提高信息时效性的同时，却没有起到任何约束或激励作用。公司回复投资者问题的互动信息披露并不是强制的，也很难建立起一种比较稳定、有效的形式准则，这给管理者的回复内容和回复设计留下了很大的自由裁量空间，方便他们引导性地操控信息披露。这意味着管理层披露的信息是否具有相关性与可靠性无法得到检验。

在信息完备的情况下，投资者总体上能较好地识别并理解公司提供的对其有价值的会计资料，确保公司为投资者提供可信且具有相关性的信息。然而，现实生活中并不会出现这样的情况，我们必须面对这样一个现实，那就是，在经济活动中有些人拥有一定的信息优势。在此背景下，可靠性与相关性难以兼得。相关性分析是以未来为导向，以满足决策需要为目标。相关性对预测性、时效性的需求会对会计信息的可靠性产生一定的影响，如果忽视了对数据时效性、预测能力的追求，那么即使是最可靠的信息，其相关性也将大幅下降。

此外，由于缺乏统一的披露标准，互联网的快速及广泛传播还会加剧不实信息的负面效应，从而使会计信息呈现出更强的非对称性，同时，信息披露还可能为管理层掩饰自身的道德失范行为（如隐瞒能力不足、不良新闻等）提供手段，使投资者的注意力被转移。在这种情况下，上市公司的信息披露行为更加具有“工具性”特征，从“红领巾”变成了“绿领巾”，加大了股票市场崩盘的风险。

因此，增强会计信息的相关度和可信度，对于决策有用性的提升尤为重要，管理层应当加大对会计信息的披露力度，以公允价值为依据，向财务报告用户提供更多信息，让用户更好地进行决策。

二、模型设定

（一）样本选择与数据来源

以 2010～2020 年的沪深 A 股上市公司为研究对象，利用国泰安（CSMAR）、万德（Wind）等数据库，根据以下程序对数据进行筛选：①排除金融公司的数据；②排除 ST、*ST 两类上市公司的资料。为了避免极大值带来的影响，对各连续变量进行 1% 的缩尾处理，共获得 21353 个公司-年份观测值。以下利用 Stata17.0 进行数据处理与实证分析。

（二）模型设定

构建如下模型来检验网络平台互动对企业股价崩盘风险的影响。

$$CrashRisk_{i,t+1}=\beta_0+\beta_1 Reply_{i,t}+\beta_2 Control_{i,t}+\varepsilon_{i,t} \tag{5-1}$$

其中，*CrashRisk* 表示公司下一期的股价崩盘风险；*Reply* 是当年公司与投资人在网上平台的交互；*Control* 代表能够影响公司股票价格崩盘风险的控制变量。

（三）变量定义

具体变量及其定义见表 5-1。

表 5-1 具体变量及其定义

变量类型	变量名称	变量符号	变量定义
被解释变量	周收益率负偏度	*NCSKEW*	超前一期股票周收益的负偏程度
	股票涨跌波动率	*DUVOL*	超前一期股票周收益涨跌波动率
解释变量	网络平台互动	*Reply*	当年度企业在互动平台的问题回答数加 1 取对数
控制变量	市场波动	*Sigma*	企业股票当年度周特有收益率的标准差
	市场收益率	*Ret*	企业股票当年度的平均周特有收益率
	超额换手率	*Dturn*	企业股票当年度的平均超额换手率
	市账比	*MB*	企业期末总市值除以总资产账面值
	企业规模	*Size*	企业期末总资产的自然对数
	负债率	*Lev*	企业期末负债总额除以资产总额
	企业绩效	*Roa*	企业当年的总资产报酬率
	营业收入增长率	*Gsales*	企业当年度营业收入相当于上一年度的同比增长率
	第一大股东持股比例	*Fholder*	第一大股东持股数量/总股数
	独立董事占比	*Indenp*	当年期末独立董事人数占董事会成员总数的比例
	信息的不透明度	*Abse*	根据修正 Jones 模型计算所得的操纵性应计额绝对值

三、 Stata 实现

（一）描述性统计

```
** 描述性统计
estpost summarize NCSKEW DUVOLReply Sigma Ret MB Size    ///
    Lev Roa Gsales Fholder Indenp Abse, detail
ereturn list
esttab using D:\stata\inquiry\描述性统计.rtf,  ///
    cells("count mean(fmt(3)) p50(fmt(3)) sd(fmt(3)) min(fmt(3)) max(fmt(3))")   ///
    noobs compress replace
```

对主要变量进行描述性统计，见表 5-2。在线平台交互变量 *Reply* 的平均数为 3.8186，中间值为 4.0775；反映股价崩盘风险的指标 *NCSKEW* 和 *DUVOL* 的均值分别为－0.2617 和－0.1677，中位数分别为－0.2270 和－0.1739，与李文贵和严涵（2020）、伊志宏（2021）等文章的结果一致，其数值分布较为合理。

表 5-2　主要变量的描述性统计

变量	观测值	均值	最大值	最小值	中位数	标准差
Reply	21353	3.8186	8.6449	0.0000	4.0775	1.6436
NCSKEW	21353	－0.2617	1.7930	－2.4686	－0.2270	0.7354
DUVOL	21353	－0.1677	1.1891	－1.4490	－0.1739	0.4956
Sigma	21353	0.0488	0.1517	0.0127	0.0448	0.0203
Ret	21353	－0.1378	－0.0075	－1.1311	－0.0988	0.1305
MB	21353	2.0956	9.3856	0.8619	1.6333	1.4116
Size	21353	22.1541	26.0803	19.7138	21.9874	1.2817
Lev	21353	0.4278	0.9363	0.0479	0.4178	0.2092
Roa	21353	0.0548	0.2596	－0.2686	0.0521	0.0686
Gsales	21353	0.1504	1.6753	－0.5941	0.1033	0.3305
Fholder	21353	0.3424	0.7387	0.0879	0.3207	0.1470
Indenp	21353	0.3742	0.8000	0.1429	0.3333	0.0548
Abse	21353	0.0523	0.2881	0.0000	0.0369	0.0515

（二）检验结果分析

```
** 回归
global control Sigma Ret MB Size Lev Roa Gsales Fholder Indenp Abse
xi:reg fNCSKEW Reply i. year i. industry, cluster(stkcd)
est store m1
xi:reg fNCSKEW Reply NCSKEW  $control i. year i. industry,cluster(stkcd)
est store m2
xi:reg fDUVOL Reply i. year i. industry,cluster(stkcd)
est store m3
xi:reg fDUVOL Reply DUVOL  $control i. year i. industry,cluster(stkcd)
est store m4
esttab m1 m2 m3 m4 using myout1. csv,compress nogap b(%8. 4f) t(%6. 4f) replace   ///
    star( * 0. 1 ** 0. 05 *** 0. 01)
```

表 5-3 列出了互联网平台交互作用对公司股票价格崩盘风险的影响。第（1）、第（3）列控制了行业、年份等因素，没有增加与公司财务、公司治理结构有关的变量。在这一阶段，所有系数都达到了 1%的显著水平。在第（2）和第（4）列中添加了控制变量后，回归系数有所降低，但是仍然达到了 1%的显著水平。这说明“互动易”“上证 e 互动”等平台对投资者问题的回复次数越多，将来股票市场崩盘的风险也就越高，与 Hutton（2009）、伊志宏（2021）等人的研究相吻合。

表 5-3　互联网平台交互作用对公司股票价格崩盘风险的影响

变量	*NCSKEWt*+1		*DUVOLt*+1	
	(1)	(2)	(3)	(4)
Reply	0.0167*** (4.6595)	0.0091*** (2.6305)	0.0117*** (4.8108)	0.0075*** (3.2226)
Control	否	是	否	是
行业/年份固定效应	是	是	是	是
R^2	0.0365	0.0517	0.0422	0.0566
N	21353	21353	21353	21353

注：括号里是 *t* 统计量值，***、**、* 分别表示在 1%、5%、10%水平上统计显著。

（三）稳健性检验

1. 改变网络平台互动的衡量方式

```
** 改变网络平台互动的衡量方式
g lnaverdd=ln(averdd+1)
g inter=lnaverdd * Reply
g interd=dlnaverdd * lnrespnum
xi: reg fNCSKEW inter Reply lnaverdd NCSKEW $control i.year i.industry, cluster(stkcd)
est store m1
xi: reg fDUVOL interd reply lnaverdd DUVOL $control i.year i.industry, cluster(stkcd)
est store m2
xi: reg fNCSKEW inter reply dlnaverdd NCSKEW $control i.year i.industry, cluster(stkcd)
est store m3
xi: reg fDUVOL interd reply dlnaverdd DUVOL $control i.year i.industry, cluster(stkcd)
est store m4
esttab m1 m2 m3 m4 using myout2.csv, compress nogap b(%8.4f) t(%6.4f) replace ///
    star( * 0.1** 0.05 *** 0.01)
```

借鉴丁慧等人（2018）的研究成果，以企业在线问答的字数为度量指标，通过引入 *Reply _ wordst* 和 *Reply _ words* 两个随机变量来度量在线平台交互行为。这里，*Reply _ words* 是 *ln*（当年公司对投资者提出问题的回复总数+1），*Reply _ words* 是 *ln*（当年公司对投资者提出的每一个问题的回复次数+1）。从 2010 年起，公司对投资者每一个问题的回复字数平均为 39 个单词，最多的有 2700 多个单词，这说明不同的公司回答问题时的时间跨度有很大的差别。实证结果如表 5-4 所示，与表 5-3 具有较高的一致性，说明公司在网络互动平台上与投资者交流的信息愈多，公司未来的股价崩盘风险越高。

表 5-4 改变网络互动平台沟通的衡量方式

变量	$NCSKEW_{t+1}$		$DUVOL_{t+1}$	
	(1)	(2)	(3)	(4)
Reply _ wordst	0.0055*** (2.7735)		0.0044*** (3.2803)	
Reply _ words		0.0070* (1.7148)		0.0055** (2.0070)
NCSKEW	0.0672*** (9.2445)	0.0665*** (9.1531)		
DUVOL			0.0515*** (7.0906)	0.0507*** (6.98213)

续表

变量	$NCSKEW_{t+1}$		$DUVOL_{t+1}$	
	(1)	(2)	(3)	(4)
Control	是	是	是	是
常数项	−0.3694*** (−2.5823)	−0.3585** (−2.5156)	0.0770 (0.7926)	0.0857 (0.8860)
行业与年份	是	是	是	是
R^2	0.0515	0.0517	0.0562	0.0566
N	21353	21353	21353	21353

注：括号里是 *t* 统计量值，***、**、* 分别表示在 1%、5%、10%水平上统计显著。

2. 调整检验样本

```
** 删除上市不足三年的样本观测值
drop if year-listyear<3
xi: reg fNCSKEW reply NCSKEW $control i.year i.industry, cluster(stkcd)
est store m1
xi: reg fDUVOL reply DUVOL $control i.year i.industry, cluster(stkcd)
est store m2
esttab m1 m2 using myout1.csv, compress nogap b(%8.4f) t(%6.4f)replace    ///
    star(* 0.1** 0.05*** 0.01)
** 删除 2015 年样本量
xi: reg fNCSKEW reply NCSKEW  $control i.year i.industry if year!=2015, cluster(stkcd)
est store m1
xi: reg fDUVOL reply DUVOL  $control i.year i.industry if year!=2015, cluster(stkcd)
est store m2
esttab m1 m2 using myout1.csv, compress nogap b(%8.4f) t(%6.4f)replace    ///
    star(* 0.1** 0.05*** 0.01)
** 仅保留制造业进行回归
keep if strmatch(industry, "C* ")
xi: reg fNCSKEW reply NCSKEW $control i.year i.industry, cluster(stkcd)
est store m1
xi: reg fDUVOL reply DUVOL $control i.year i.industry, cluster(stkcd)
est store m2
esttab m1 m2 using myout1.csv, compress nogap b(%8.4f) t(%6.4f)replace    ///
    star(* 0.1** 0.05*** 0.01)
```

检验样本的调整：①剔除进入市场不足三年的样本观察数据。由于新上市公司的股价有异常的波动性，因此将上市时间不足三年的样本观察数据进行了剔除，然后用公式（5-1）进行回归。②实证研究对象为制造企业。不同产业的公司受到投资者的重视程度是不一样的，这使公司和投资者在网络平台上的交互和股票价格暴跌的风险有很大的不同。因此在对产业影响进行调整后，只选取了制造企业作为研究对象，并对其进行回归分析。③鉴于 2015 年我国证券市场总体上有可能受到金融危机或者“股灾”的冲击，参考梁上坤等人的文章（2020），剔除了 2015 年样本观察数据，然后对其进行实证检验。所有的测试结果如表 5-5 所示，与表 5-3 相比没有明显的不同，结果依然稳健。

表 5-5　调整检验样本

变量	删除上市不足三年的观测值		以制造业企业为样本		删除 2015 年的观测值	
	$NCSKEW_{t+1}$ (1)	$DUVOL_{t+1}$ (2)	$NCSKEW_{t+1}$ (3)	$DUVOL_{t+1}$ (4)	$NCSKEW_{t+1}$ (5)	$DUVOL_{t+1}$ (6)
Reply	0.0083** (2.2518)	0.0065*** (2.6233)	0.0088** (2.0684)	0.0070** (2.4085)	0.0104*** (2.7870)	0.0087*** (3.5599)
NCSKEW	0.0643*** (8.1932)		0.0610*** (6.7811)		0.0680*** (8.9156)	
DUVOL		0.0507*** (6.4461)		0.0384*** (4.3240)		0.0495*** (6.5400)
Control	是	是	是	是	是	是
常数项	−0.4424*** (−2.8896)	0.0121 (0.1166)	−0.4133** (−2.3963)	0.0962 (0.8331)	−0.5269*** (−3.5262)	−0.0492 (−0.4868)
行业	是	是	否	否	是	是
年份	是	是	是	是	是	是
N	0.0541	0.0570	0.0535	0.0604	0.0479	0.0506
R^2	17986	17986	13866	13866	19112	19112

注：括号里是 t 统计量值，***、**、* 分别表示在 1%、5%、10%水平上统计显著。

（四）内生性检验

1. 工具变量法

```
** 工具变量法
xi:ivregress 2sls fNCSKEW NCSKEW $ control (reply=Fholder dnumber)   ///
     i. year i. industry ,cluster(stkcd) first estat firststage
est store n1
esttab n1 using myout2. csv, compress nogap b(%8. 4f) t(%6. 4f) replace   ///
     star( * 0. 1 ** 0. 05 *** 0. 01)
```

以网络平台交互重复作为被解释变量，工具变量 *Fholder*、*Dnumber* 作为解释变量，并在公式（5-1）中添加全部控制变量，此时，*Fholder* 和 *Dnumber* 的系数都达到了 1%的显著水平。这表明，互联网平台的交互程度与公司董事会秘书的任职人数、前一年的机构投资者人数有明显的正向关系。工具性弱变量测试的 F 值在 10 以上，F 值为 233.07，$p=0.61$，表明该模型不会出现过辨识问题。基于这一点，利用公式（5-1）进行第二阶段的回归，结果见表 5-6。研究发现，在被解释变量为 $NCSKEW_{t+1}$、$DUVOL_{t+1}$ 时，*Reply* 的系数在 1%的显著水平上依然是显著的。这说明在控制了内生因素之后，实证研究的结论仍然是稳健的。

表 5-6　工具变量法

变量	$Reply_t$	$NCSKEW_{t+1}$	$DUVOL_{t+1}$
	(1)	(2)	(3)
Reply		0.1097*** (4.7440)	0.0658*** (4.3350)
NCSKEW	0.0910*** (6.5125)	0.0539*** (6.9351)	0.0339*** (6.6618)
Control	是	是	是
Holdert-1	0.2173*** (16.9765)		
Dnumber	0.1784*** (13.1176)		
常数项	1.6150*** (4.3378)	−0.2372 (−1.6030)	0.1885* (1.9277)
行业	是	是	是
年份	是	是	是
R^2	0.2099	0.1561	0.1515
N	21159	21159	21159

注：括号里是 t 统计量值，***、**、* 分别表示在 1%、5%、10%水平上统计显著。

2. Placebo 检验

```
** Placebo 检验
forvalue i=1/1000{
use "C:\instrument\stata\inquiry\reg1.dta", clear
xtset stkcd year
```

```
g obs_id=_n
gen random_digit=runiform()
sort random_digit
g random_id=_n
preserve
keep random_id Reply
rename Reply random_reply
rename random_id id
label var id
save "C:\instrument\stata\inquiry\randomtt. dta", replace
restore
drop random_digit random_id reply
rename obs_id id
label var id
save "C:\instrument\stata\inquiry\rawtt. dta", replace
use "C:\instrument\stata\inquiry\rawtt. dta", replace
merge 1:1 id using"C:\instrument\stata\inquiry\randomtt. dta", nogen
qui xi:reg fDUVOL random_reply DUVOL $control i. year i. industry, cluster(stkcd)
g _b_random_reply=_b[random_reply]
g _se_random_reply=_se[random_reply]
keep _b_random_reply _se_random_reply
duplicates drop _b_random_reply, force
save placeboi', replace
}
use placebo1, clear
  forvalue i=2/1000{
append using placeboi'
}
gen tvalue=_b_random_reply/_se_random_reply
kdensity tvalue, xtitle("t…") ytitle("e") saving(placebo_test2)
sum tvalue, detail
sum _b_random_reply, detail
```

运用 Placebo 检验方法，进一步证实在线平台交互作用对公司股票价格暴跌的影响。我们将每年的在线平台互动情况随机分配到每一家公司，并按照公式(5-1) 对随机序列的在线平台互动和股价崩盘风险进行 1000 次回归分析。Placebo 检验如图 5-1 和图 5-2 所示，回归结果中的系数具有显著性，表明上述构建的虚拟处理效应不成立，从而说明在线平台互动会增加公司将来的股价崩盘风险，而且在线平台互动与公司股价暴跌风险之间存在着明显的因果联系。对 $NCSKEW_{t+1}$、$DUVOL_{t+1}$ 虚拟处理得到的回归结果，见表 5-7。

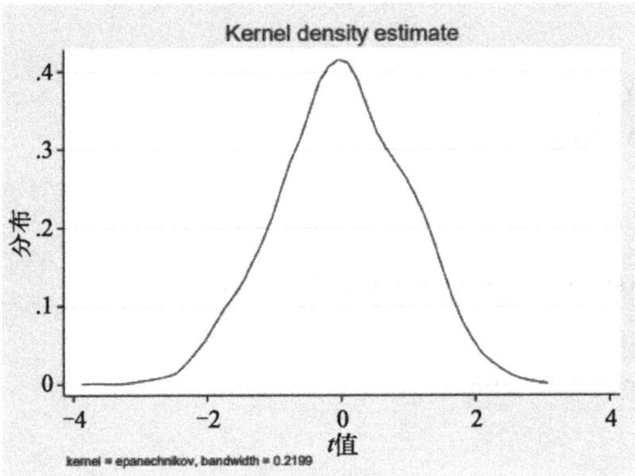

图 5-1 1000 次 Placebo 检验结果（$NCSKEW_{t+1}$）

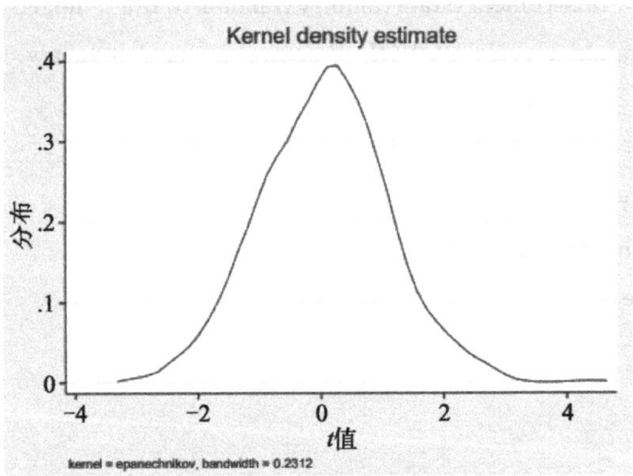

图 5-2 1000 次 Placebo 检验结果（$DUVOL_{t+1}$）

表 5-7 虚拟处理效应回归结果的统计分布

被解释变量	项目	平均	$P5$	$P25$	中位	$P75$	$P95$	$S.D$	N
$NCSKEW_{t+1}$	系数	0.0000	−0.0048	−0.0019	0.0000	0.0021	0.0047	0.0029	1000
	t 值	0.0136	−1.6113	−0.6343	0.0135	0.7064	1.5684	0.9725	1000
$DUVOL_{t+1}$	系数	0.0001	−0.0032	−0.0013	0.0001	0.0014	0.0036	0.0021	1000
	t 值	0.0482	−1.6317	−0.6539	0.0643	0.7258	1.6499	1.0358	1000

（五）异质性分析

1. 财务风险异质性分析

```
** 财务风险
xi: reg fNCSKEW Reply NCSKEW  $ control i. year i. industry if zd<3, cluster(stkcd)
est store m1
xi: reg fNCSKEW Reply NCSKEW  $ control i. year i. industry if zd==3, cluster(stkcd)
est store m2
xi: reg fDUVOL Reply DUVOL  $ control i. year i. industry if zd<3, cluster(stkcd)
est store m3
xi: reg fDUVOL Reply DUVOL  $ control i. year i. industry if zd==3, cluster(stkcd)
est store m4
esttab m1 m2 m3 m4 using myout1. csv, compress nogap b(%8. 4f) t(%6. 4f) replace    ///
    star( * 0. 1** 0. 05*** 0. 01)
```

对全部样本按公司金融风险进行分组测试。在此基础上，采用 Z 指标度量金融风险，当 Z 值低于 2. 675 时，表示风险很高，反之则表示风险很低。回归结果如表 5-8 所示，在风险较高组（1）和（3）列中，重复的系数为正值；在风险较低组（2）和（4）列中，重复的系数没有一个是显著的。研究表明，面对高财务风险时，公司管理层为了掩盖自身的不良经营状况，有更强烈的操纵动机在在线互动平台进行信息披露，进而加剧公司信息不对称程度，引发股价暴跌的风险。

表 5-8　财务风险分组回归

变量	$NCSKEW_{t+1}$		$DUVOL_{t+1}$	
	(1)	(2)	(3)	(4)
	风险较高组	风险较低组	风险较高组	风险较低组
Reply	0. 0112* (1. 9576)	0. 0052 (1. 1943)	0. 0087** (2. 3017)	0. 0046 (1. 5473)
Control	是	是	是	是
行业/年份固定效应	是	是	是	是
R^2	0. 0441	0. 0518	0. 0484	0. 0559
N	7506	13847	7506	13847

注：括号里是 t 统计量值，***、**、* 分别表示在 1%、5%、10%水平上统计显著。

2. 媒体关注度异质性分析

```
** 媒体关注度
bysort year: egen mediannewsb=median(news_cont1)
g newsbd=0 if news_cont1!=.
replace newsbd=1 if news_cont1<mediannewsb
** 回归
xi: reg fNCSKEW Reply NCSKEW $control i.year i.industry if newsbd==1, cluster(stkcd)
est store m1
xi: reg fNCSKEW Reply NCSKEW $control i.year i.industry if newsbd==0, cluster(stkcd)
est store m2
xi: reg fDUVOL Reply DUVOL $control i.year i.industry if newsbd==1, cluster(stkcd)
est store m3
xi: reg fDUVOL Reply DUVOL $control i.year i.industry if newsbd==0, cluster(stkcd)
est store m4
esttab m1 m2 m3 m4 using myout1.csv, compress nogap b(%8.4f) t(%6.4f) replace ///
    star(* 0.1 ** 0.05 *** 0.01)
```

将全部样本按媒体关注程度进行分组测试。在陶文杰与金占明（2012）的研究基础上，以中国主要报纸全文数据库为基础，建立公司媒介关注指数，并对其进行实证分析，如表 5-9。研究发现，当公司的媒体关注指数低于该年度全部样本公司的中间值时，该公司被列为关注程度较低的群体，反之，该公司被列为关注程度较高的群体。在（1）组和（3）组中，重复的系数都是显著的；在（2）组和（4）组中，重复的系数不明显。因此，网络平台互动对股价暴跌风险之影响，在媒体关注度愈低的公司，表现得愈弱。这一结论为企业管理层为了“蹭热点”而利用在线互动平台进行信息披露提供了实证依据。

表 5-9 媒体关注度分组回归

变量	$NCSKEW_{t+1}$		$DUVOL_{t+1}$	
	(1)	(2)	(3)	(4)
	媒体关注度低	媒体关注度高	媒体关注度低	媒体关注度高
Reply	0.0104* (1.9326)	0.0067 (1.4704)	0.0092*** (2.6024)	0.0049 (1.5610)
Control	是	是	是	是
行业/年份固定效应	是	是	是	是
R^2	0.0479	0.0642	0.0540	0.0680
N	10426	10707	10426	10707

注：括号里是 t 统计量值，***、**、* 分别表示在 1%、5%、10%水平上统计显著。

3. 企业市值异质性分析

```
** 企业市值
bysort year: egen medianmv=median(mv)
g mvd=0 if mv!=.
replace mvd=1 if mv<medianmv
** 回归
xi: reg fNCSKEW Reply NCSKEW $control i.year i.industry if mvd==1, cluster(stkcd)
est store m1
xi: reg fNCSKEW Reply NCSKEW $control i.year i.industry if mvd==0, cluster(stkcd)
est store m2
xi: reg fDUVOL Reply DUVOL $control i.year i.industry if mvd==1, cluster(stkcd)
est store m3
xi: reg fDUVOL Reply DUVOL $control i.year i.industry if mvd==0, cluster(stkcd)
est store m4
esttab m1 m2 m3 m4 using myout2.csv, compress nogap b(%8.4f) t(%6.4f) replace ///
    star( * 0.1 ** 0.05 *** 0.01)
```

对全部样本按市场价值进行群组试验。如果一家公司的市场价值比该年度全部样本公司的中间值低，那么其就属于市场价值低的那一类，见表 5-10。研究发现，在（1）组和（3）组中，回归系数在 5%、在 1%的显著水平上达到了显著的正；在（2）组和（4）组中，*Reply* 的系数在统计学上没有显著性。互联网平台互动对公司未来股价崩盘风险的放大作用，主要集中在小市值上市公司，而在高市值上市公司中，这种作用不明显。我们可以看到，小市值上市公司的管理层出于“市值管理”的需求，具有更强烈的通过互联网互动平台进行违规信息披露的动机，进而导致公司信息环境恶化，使未来股票价格暴跌。这从某种意义上检验了高管“滥用”在线平台互动导致公司股票价格暴跌的理论逻辑。

表 5-10　企业市值的异质性分析

变量	$NCSKEW_{t+1}$		$DUVOL_{t+1}$	
	(1)	(2)	(3)	(4)
	风险较高组	风险较低组	风险较高组	风险较低组
Reply	0.0112* (1.9576)	0.0052 (1.1943)	0.0087** (2.3017)	0.0046 (1.5473)
Control	是	是	是	是
行业/年份固定效应	是	是	是	是
R^2	0.0441	0.0518	0.0484	0.0559

续表

变量	$NCSKEW_{t+1}$		$DUVOL_{t+1}$	
	(1)	(2)	(3)	(4)
	风险较高组	风险较低组	风险较高组	风险较低组
N	7506	13847	7506	13847

注：括号里是 t 统计量值，***、**、* 分别表示在 1%、5%、10%水平上统计显著。

第三节　企业 ESG 表现与短债长用

一、 ESG 对债务融资的相关研究

当前研究广泛探讨了环境（E）、社会责任（S）和公司治理（G）这三大维度如何独立地影响企业的融资成本。卓越的环境绩效被证实能够强化企业的公信力。在社会责任方面，表现出色的企业，特别是制造业的民营企业，能够显著减少债务成本，促进融资活动顺利进行，尽管这一过程中也伴随着信息可能被掩饰的风险。至于公司治理，现有的研究一致强调董事会独立性和信息披露质量对维护企业健康融资环境的关键作用。当聚焦 ESG 整体表现与债务融资的关系时，可以发现，良好的 ESG 表现通过有效减少信息不对称现象，显著提升市场对企业价值的认可度和市场表现，进而促使融资成本降低。此外，良好的 ESG 表现还能有效缓解 IPO 过程中的抑价现象，增强企业的合法形象，并提升产品在市场上的认知度，最终为企业赢得市场溢价，进一步拓宽融资渠道和优化资本结构。同时，ESG 评价不确定性的增加会加剧市场风险与溢价。综上，良好的 ESG 表现是降低债务及权益融资成本的有效手段。

二、决策有用性在 ESG 表现中的重要性

企业 ESG 表现的决策有用性显著作用于短债长用中，关键在于 ESG 信息如何助力企业战略规划与投资者选择，强化财务稳健性与可持续发展。

在企业层面，ESG 信息成为战略规划的核心考量，帮助企业洞察环境、社会及治理领域的风险与机遇，促进业务调整与模式创新，实现资源高效配置与长期风险防控。同时，优异的 ESG 表现可帮助企业吸引长期资本注入，优化融资结构，减少短期债务依赖，增强财务韧性。

在投资者视角，ESG 信息作为评估企业综合价值的关键维度，可助力投资

者识别可持续增长潜力与规避潜在风险，引导资金流向负责任的企业，实现投资回报与社会责任的双重提升。

总之，ESG 信息的决策有用性在于为企业与投资者深度洞察提供帮助，促进双方做出更具前瞻性与可持续性的决策，共同推进企业财务健康与长远的发展。

三、模型设定

（一）模型设计

为考察企业 ESG 表现对短债长用的影响，构建模型：

$$SDLA_{i,t}=\beta_0+\beta_1 ESG_{I,t}+\beta_2 Controls_{I,t}+ Company+Year+Industry+\varepsilon_{I,t} \tag{5-2}$$

在实证研究中，我们采用了一系列符号来代表关键变量及属性。下标 i 和 t 分别指样本中的个体公司及对应的年度观测值。*SDLA* 作为被解释变量，衡量企业的“短债长用”程度，即短期债务被用于长期投资的倾向。同时引入 *ESG* 作为核心解释变量解析 *SDLA* 的影响因素，它代表了企业环境、社会责任和公司治理（ESG）的综合表现。为了消除量纲差异可能带来的干扰，将 *ESG* 得分除以 100 进行标准化处理。此外，还加了 *Controls* 这一组变量来分析 *SDLA* 的决定因素，它涵盖了企业层面的多个控制因素，如财务状况、经营绩效等，以捕捉除 ESG 表现以外的可能影响企业融资行为的特征。在模型设定上，我们控制了公司（*Company*）、年度（*Year*）以及行业（*Industry*）的固定效应，以消除这些不可观测因素对企业融资行为可能产生的系统性影响。

（二）变量定义

被解释变量：短债长用程度（*SDLA*）。

解释变量：企业 ESG 表现（*ESG*）。

表 5-11 为实证分析涉及的所有变量。为了验证研究结果的稳健性和可靠性，在稳健性检验环节还引入了商道融绿 *ESG* 评价数据进行补充验证。这一选择旨在通过不同评价体系下的数据对比，进一步确认 ESG 表现对企业短债长用等行为的影响是否具有普遍性和一致性。该表展示了不同 ESG 评价体系下，企业 ESG 表现与其融资行为之间关系的对比分析，为后续研究提供了丰富的实证依据。

表 5-11　实证分析涉及的变量定义

变量类型	变量名称	变量符号	变量定义
被解释变量	短债长用	*SDLA*	短期负债比例－短期资产比例
		SLEA	短期负债/总资产

续表

变量类型	变量名称	变量符号	变量定义
解释变量	ESG 表现	*ESG*	华政指数除以 100
控制变量	企业规模	*SIZE*	期末总资产的对数值
	资产负债率	*LEV*	期末总负债/总资产
	资产回报率	*ROA*	当期净利润与期末总资产之比
	企业成长性	*Growth*	营业收入增长率
	经营性现金流	*CF*	当期经营活动产生的现金流量净额与期末总资产之比
	固定资产比重	*FA*	固定资产净额与资产总额之比
	董事会规模	*Borad*	董事会总人数的自然对数
	股权集中度	*TOP1*	第一大股东持股比例
	产权性质	*SOE*	国有企业取 1，其他企业取 0
	管理层持股比例	*MH*	管理层持股数量与总股本之比

四、 Stata 实现

（一）基准回归

```
** 用解释变量 SDLA 进行回归
global control SIZE LEV ROA Growth CF FA Borad TOP1 SOE MH
reghdfe SDLA ESG, a(S YEAR INDUSTRY) vce(cluster S)
est store H1
reghdfe SDLA ESG $control, a(S YEAR INDUSTRY) vce(cluster S)
est store H2
esttab H*, b(%6.3f) t(3) nogap compress star(* 0.1 ** 0.05 *** 0.01) ar2 scalar
(N) replace
** 用解释变量 SLEV 进行回归
reghdfe SLEV ESG, a(S YEAR INDUSTRY) vce(cluster S)
est store H1
reghdfe SLEV ESG $control, a(S YEAR INDUSTRY) vce(cluster S)
est store H2
esttab H*, b(%6.3f) t(3) nogap compress star(* 0.1 ** 0.05 *** 0.01) ar2 scalar
(N) replace
```

表 5-12 展示了企业 ESG 表现对短债长用行为影响的基准回归分析。结果显示，无论是否控制年份、公司、行业固定效应及其他公司层面变量，企业 *ESG*

表现的系数均显著为负。这表明企业 ESG 表现的提升与短债长用程度的降低之间存在显著且稳健的负相关关系，即 ESG 表现越好的企业，其短债长用现象越少。

表 5-12　企业 ESG 表现对短债长用的影响

变量	(1)	(2)	(3)	(4)
	SDLA	*SLEV*	*SDLA*	*SLEV*
ESG	−0.218*** (0.035)	−0.145*** (0.017)	−0.152*** (0.034)	−0.033** (0.014)
控制变量	是	是	是	是
企业固定效应	是	是	是	是
年份固定效应	是	是	是	是
行业固定效应	是	是	是	是
样本量	29919	29867	29919	29867
R^2 值	0.601	0.613	0.629	0.724

注：括号里是回归系数标准误，***、**、* 分别表示在 1%、5%、10%水平上统计显著。

（二）稳健性检验

```
** 加入 Z 指数与 SA 指数作为控制变量
reghdfe SDLA ESG $ control Z 值 SA 指数, a( S YEAR INDUSTRY ) vce(cluster S )
est store H1
reghdfe SLEV ESG $ control Z 值 SA 指数, a( S YEAR INDUSTRY ) vce(cluster S )
est store H2
esttab H *, b (%6.3f) t (3) nogap compress star ( * 0.1** 0.05*** 0.01) ar2 scalar
(N) replace
** 剔除 2009 年样本
drop if YEAR==2009
reghdfe SDLA ESG $ control, a( S YEAR INDUSTRY ) vce(cluster S )
est store H1
reghdfe SLEV ESG $ control, a( S YEAR INDUSTRY ) vce(cluster S )
est store H2
esttab H *, b(%6.3f) t(3) nogap compress star( * 0.1** 0.05*** 0.01)   ///
    ar2 scalar(N) replace
drop if YEAR==2009
reghdfe SDLA ESG $ control, a( S YEAR INDUSTRY ) vce(cluster S )
est store H1
reghdfe SLEV ESG $ control, a( S YEAR INDUSTRY ) vce(cluster S )
```

```
est store H2
esttab H *, b(%6.3f) t(3) nogap compress star(* 0.1** 0.05*** 0.01) ar2 scalar
(N) replace
** 聚类和增加省份固定效应
use"/Users/Desktop/ESGSDLA.dta", clear
reghdfe SDLA ESG $control, a( S YEAR INDUSTRY ) vce(cluster S# YEAR)
est store Y1
reghdfe SLEV ESG $control, a( S YEAR INDUSTRY ) vce(cluster S# YEAR)
est store Y2
reghdfe SDLA ESG $control, a( S YEAR INDUSTRY 省份) vce(cluster S )
est store Y3
reghdfe SLEV ESG $control, a( S YEAR INDUSTRY 省份) vce(cluster S )
est store Y4
esttab Y *, b(%6.3f) t(3) nogap compress star(* 0.1** 0.05*** 0.01) ar2 scalar
(N) replace
```

为了确保研究结果的稳健性，我们采取了四项关键措施：首先，在深入探究企业 ESG 表现与短债长用行为之间的复杂关系时，我们深知经营风险和融资约束作为重要的外部因素可能对企业融资结构和债务期限选择产生的深远影响。为了更精准地捕捉这种影响，并确保分析结论的稳健性，我们在模型构建过程中引入了 *SA* 指数和 *Z* 指数作为关键的控制变量。其次，考虑结果产生的非预期影响，我们特地将 2009 年的样本数据从分析中剔除，并重新进行了回归分析，以确保结论的稳定性。然后，为了更准确地估计回归模型中的标准误差，我们在公司-年度基础上对标准误差进行了聚类调整，从而提高了估计的精准性和可靠性。最后，为了进一步控制可能存在的地域性差异对研究结果的影响，我们在公式 (5-2) 中增加了省份固定效应，以捕捉不同省份的系统性差异。实施了上述四项稳健性检验措施后，回归结果如表 5-13 所示，证明了该文结论的稳健性。

表 5-13 其他稳健性检验

变量	(1)	(2)	(3)	(4)	(5)	(6)	(7)	(8)
	SDLA 增加控制变量	*SLEV* 增加控制变量	*SDLA* 剔除 2009 年样本	*SLEV* 剔除 2009 年样本	*SDLA* 在公司-年度层面聚类	*SLEV* 在公司-年度层面聚类	*SDLA* 增加省份固定效应	*SLEV* 增加省份固定效应
ESG	−0.145*** (0.033)	−0.036*** (0.014)	−0.149*** (0.034)	−0.033** (0.014)	−0.152*** (0.026)	−0.033*** (0.010)	−0.152*** (0.034)	−0.033** (0.014)

续表

变量	(1) SDLA 增加控制变量	(2) SLEV 增加控制变量	(3) SDLA 剔除 2009 年样本	(4) SLEV 剔除 2009 年样本	(5) SDLA 在公司-年度层面聚类	(6) SLEV 在公司-年度层面聚类	(7) SDLA 增加省份固定效应	(8) SLEV 增加省份固定效应
Z	−0.000 (−0.550)	0.000*** (2.957)						
SA	−0.042 (−1.200)	−0.068*** (−5.166)						
控制变量	是	是	是	是	是	是	是	是
年份固定效应	是	是	是	是	是	是	是	是
行业固定效应	是	是	是	是	是	是	是	是
企业固定效应	是	是	是	是	是	是	是	是
省份固定效应	否	否	否	否	否	否	是	是
样本量	28891	28847	28671	28622	29919	29867	29919	29867
R^2 值	0.641	0.745	0.633	0.732	0.630	0.725	0.629	0.724

注：变量 *ESG* 所在行的括号内是回归系数标准误，变量 *Z* 和变量 *SA* 所在行的括号内为 *t* 统计值。***、**、* 分别表示在 1%、5%、10% 水平上统计显著。

（三）内生性检验

1. 工具变量法

```
xtset S YEAR
ivreghdfe SDLA $control (ESG= ESGFV ESGQ), a(S YEAR INDUSTRY)
ivreghdfe SLEV $control (ESG= ESGFV ESGQ), a(S YEAR INDUSTRY)
```

通过两阶段回归的办法，我们首先构建了 *ESG* 表现的拟合值。第二阶段的分析显示，该拟合值作为解释变量时，回归结果与基准模型一致，强化了我们的论点——企业 ESG 表现的增强有助于减少短债长用现象，从而验证了 ESG 对企业财务稳健性的积极影响。

2. Heckman 两阶段模型

```
xtset S YEAR
encode (INDUSTRY), generate(industry)
probit ESGDUM L. $control vce(cluster S)
est store first
predict y_hat, xb
gen IMR = normalden(y_hat)/normal(y_hat)
** 回归
reghdfe SDLA ESG $control IMR, a( S YEAR INDUSTRY) vce(cluster S)
est store second
esttab first second, b(%6.3f) t(3) nogap compress star( * 0.1 ** 0.05 *** 0.01)    ///
    ar2 scalar(N) replace
probit ESGDUM L. $control, nolog vce(cluster S)
est store first
predict y_hat, xb
gen IMR = normalden(y_hat)/normal(y_hat)
reghdfe SLEV ESG $control IMR, a( S YEAR INDUSTRY) vce(cluster S)
est store second
esttab first second, b(%6.3f) t(3) nogap compress star( * 0.1 ** 0.05 *** 0.01)    ///
    ar2 scalar(N) replace
```

鉴于 ESG 信息披露的非强制性、样本选择偏误与内生性问题的存在，我们决定采用 Heckman 两阶段自选择矫正模型来应对这些问题。在模型的第一阶段，设立了 ESG 表现虚拟变量（*ESGDUM*）作为 Probit 模型的被解释变量，以识别并矫正样本自选择偏误，确保分析结果的稳健性。其中的 *ESGDUM*，以 A 类评级为基准设为 1，否则为 0。同时采用滞后一期控制变量 *L* _ *Controls*。在第一阶段，用 Probit 模型估算 *ESGDUM*，并生成逆米尔斯比率（*IMR*），以矫正样本自选择偏误。*IMR* 的显著性表明样本存在偏差，强调自选择问题的重要性。在第二阶段，回归纳入 *IMR* 后，结果如表 5-14 所示，*ESGDUM* 对企业短债长用（*SDLA*、*SLEV*）的负向影响显著，结论稳健可靠。

表 5-14　内生性检验

变量	(1)	(2)	(3)	(4)
	SDLA	*SLEV*	*SDLA*	*SLEV*
ESG	−5.750*** (1.481)	−1.582*** (0.466)	−0.135*** (0.035)	−0.024* (0.015)

续表

变量	(1)	(2)	(3)	(4)
	SDLA	*SLEV*	*SDLA*	*SLEV*
IMR			0.014* (0.007)	0.010*** (0.003)
控制变量	是	是	是	是
企业固定效应	是	是	是	是
年份固定效应	是	是	是	是
行业固定效应	是	是	是	是
第一阶段 *F* 值	10.758	10.571		
样本量	29919	29919	25996	25950
R^2 值			0.642	0.734

注：括号里是回归系数标准误，***、**、*分别表示在1%、5%、10%水平上统计显著。

（四）进一步研究

1. 异质性分析

```
** 风险偏好异质性检验
reghdfe SDLA ESG $control if ROAPOSTDUM==1, a( S YEAR INDUSTRY) vce(cluster S)
est store H1
reghdfe SDLA ESG $control if ROAPOSTDUM==0, a( S YEAR INDUSTRY) vce(cluster S)
est store H2
esttab H*, b(%6.3f) t(3) nogap compress star(* 0.1** 0.05*** 0.01) ar2 scalar
(N) replace
set seed 0001
bdiff, group(ROAPOSTDUM) model (reghdfe SDLA ESG $control, ///
    a(S YEAR INDUSTRY) vce(cluster S)) bs reps(1000)          //组间差异检验
** 投资需求异质性检验
reghdfe SDLA ESG $control if FADUM==1, a( S YEAR INDUSTRY) vce(cluster S)
est store H1
reghdfe SDLA ESG $control if FADUM==0, a( S YEAR INDUSTRY) vce(cluster S)
est store H2
esttab H*, b(%6.3f) t(3) nogap compress star(* 0.1** 0.05*** 0.01)  ///
    ar2 scalar(N) replace
```

```
set seed 0001
bdiff, group(FADUM) model (reghdfe SDLA ESG $control,    ///
    a(S YEAR INDUSTRY) vce(cluster S)) bs reps(1000)
** 融资约束异质性检验
reghdfe SDLA ESG $control if LFDUM==1, a( S YEAR INDUSTRY) vce(cluster S)
est store H1
reghdfe SDLA ESG $control if LFDUM==0, a( S YEAR INDUSTRY) vce(cluster S)
est store H2
esttab H*, b(%6.3f) t(3) nogap compress star( * 0.1 ** 0.05 *** 0.01)    ///
    ar2 scalar(N) replace
set seed 0001
bdiff, group(LFDUM) model (reghdfe SDLA ESG $control,    ///
    a(S YEAR INDUSTRY) ) bs reps(1000)
** 产权性质异质性检验
reghdfe SDLA ESG $control if SOE==1, a( S YEAR INDUSTRY) vce(cluster S)
est store H1
reghdfe SDLA ESG $control if SOE==0, a( S YEAR INDUSTRY) vce(cluster S)
est store H2
esttab H*, b(%6.3f) t(3) nogap compress star( * 0.1 ** 0.05 *** 0.01)    ///
    ar2 scalar(N) replace
set seed 0001
bdiff, group(SOE) model (reghdfe SDLA ESG $control,    ///
    a(S YEAR INDUSTRY) vce(cluster S)) bs reps(1000)
```

为了更全面地剖析企业 ESG 表现与短债长用行为之间的复杂关联，进行三个维度的拓展分析，旨在揭示不同情境下 ESG 表现对短债长用现象的差异化影响。

鉴于长期投资的高风险特性，首先量化企业的风险偏好，采用经年度、行业均值调整的 *ROA* 滚动标准差（*RISK*）作为衡量指标。通过分组回归我们发现，在风险偏好较高的企业群体中，ESG 表现对缓解短债长用现象的作用更为显著。这表明，在面临更高融资门槛的情况下，良好的 ESG 表现成为企业获取长期资金、优化债务结构的重要砝码。

针对实体投资需求不同的企业，进一步探究 ESG 表现的作用差异。以固定资产净额占比作为资产可逆性的代理变量，我们将样本划分为低实体投资需求和高实体投资需求两组，结果如表 5-15 所示。在高实体投资需求的企业中，ESG 表现对降低短债长用的效果更为突出。这表明，对于需要大量长期资金支持的企业而言，ESG 表现不仅传递了企业可持续发展的积极信号，还促进了外部资源的有效获取，从而缓解了融资期限错配问题。

另外，从长期融资能力的角度切入，分析 ESG 表现对短债长用影响的异质性。通过构建长期债务融资能力指标，我们发现，在融资能力较弱的企业中，ESG 表现对短债长用的抑制作用更为显著。这表明，对于这类企业而言，提升 ESG 表现是增强其市场信誉、吸引长期资金、改善融资结构的有效途径。

最后，还分析了企业产权性质对 ESG 表现与短债长用关系的影响。通过分组回归，我们发现，在非国有企业中，ESG 表现对短债长用的降低作用更为显著。这可能是因为非国有企业在获取外部融资时会面临更多的挑战，因此其 ESG 表现的提升更能赢得市场信任，从而有效缓解融资难题。相比之下，国有企业由于享有“隐性担保”等优势，其 ESG 表现对短债长用的影响相对较弱。

综上所述，拓展分析部分不仅加深了对企业 ESG 表现与短债长用行为之间关系的理解，还揭示了不同情境下 ESG 表现对企业融资结构的差异化影响，为企业和政策制定者提供了有益的参考。

表 5-15　异质性分析

变量	(1)	(2)	(3)	(4)	(5)	(6)	(7)	(8)
	SDLA	*SDLA*	*SDLA*	*SDLA*	*SDLA*	*SDLA*	*SDLA*	*SDLA*
	RISK-H	*RISK-L*	*FA-H*	*FA-L*	*LF-H*	*LF-L*	*SOE*	*SOE-N*
ESG	−0.150*** (0.045)	−0.106** (0.047)	−0.118*** (0.042)	−0.160*** (0.050)	−0.041 (0.041)	−0.110*** (0.042)	−0.087 (0.057)	−0.156*** (0.043)
组间系数差异	0.068*		0.088*		0.019**		0.001***	
控制变量	是	是	是	是	是	是	是	是
企业固定效应	是	是	是	是	是	是	是	是
年份固定效应	是	是	是	是	是	是	是	是
行业固定效应	是	是	是	是	是	是	是	是
样本量	15201	14099	14826	14648	12563	12387	11622	18211
R^2 值	0.568	0.718	0.531	0.653	0.754	0.735	0.703	0.591

2. 作用机制检验

```
** 信息透明度
reghdfe SDLA ESGABSDA1 ABSDA1 ESG $ control, a(S YEAR INDUSTRY) vce(cluster S)
est store C1
reghdfe SDLA ESGABSDA2 ABSDA2 ESG $ control, a(S YEAR INDUSTRY) vce(cluster S)
est store C2
reghdfe SDLA ESG 重述 重述 ESG $ control, a(S YEAR INDUSTRY) vce(cluster S)
est store C3
esttab C*, b(%6.3f) t(3) nogap compress star(* 0.1 ** 0.05 *** 0.01) ///
    ar2 scalar(N) replace
** 长期机构投资者持股
reghdfe SDLA LONGESG 长期投资持股比例 ESG $ control, ///
    a( S YEAR INDUSTRY) vce(cluster S)
est store C1
reghdfe SDLA SHORTESG 短期投资持股比例 ESG $ control, ///
    a( S YEAR INDUSTRY) vce(cluster S)
est store C2
reghdfe SDLA OVERESG Over_INV ESG $ control, ///
    a( S YEAR INDUSTRY) vce(cluster S)
est store C3
esttab C*, b(%6.3f) t(3) nogap compress star(* 0.1 ** 0.05 *** 0.01) ar2 scalar
(N) replace
```

本部分实证检验旨在验证企业 ESG 表现如何通过提升信息透明度及吸引长期机构投资者持股，来有效降低其短债长用现象。

首先，针对长期融资市场的信息不对称难题，我们深入分析了企业 ESG 表现对提升信息透明度的积极影响。在中国特有的金融环境中，由于债权人保护机制相对薄弱，银行和其他金融机构倾向于通过短期贷款来降低信息不对称带来的风险。然而，这种偏好加剧了企业的短债长用问题。我们研究发现，ESG 表现优异的企业，通过在公司治理、环境保护和社会责任等方面的卓越表现，显著提高了其与银行之间的信息透明度。借鉴 Dechow 等人的方法，我们利用财务重述次数作为信息透明度的反向指标，通过回归分析验证了 ESG 表现对提升信息透明度、减少短债长用的正面作用。

其次，探讨了不同类型机构投资者持股对企业短债长用行为的不同影响。长期机构投资者以深度参与公司治理、追求长期价值最大化的特点，对企业 ESG 表现尤为关注。相反，短期机构投资者则更倾向于利用市场波动进行短期交易，可能不利于企业的长期发展。通过机构投资者流失率这一创新指标，我们有效区分了长期与短期机构投资者，并发现 ESG 表现良好的企业更能吸引长期机构投资者的青睐。我们基于 Richardson 模型构建了过度投资的代理变量，回归结果如表 5-16 所示。ESG 表现通过促进长期机构投资者持股，有效抑制了企业的短债长用和过度投资行为。

综上所述，本部分的实证检验不仅加深了我们对 ESG 表现与企业融资行为之间关系的理解，更为企业如何通过提升 ESG 表现来优化融资结构、实现可持续发展提供了有力的证据支持。

表 5-16　作用机制检验

变量	(1)	(2)	(3)	(4)	(5)	(6)
	SDLA	*SDLA*	*SDLA*	*SDLA*	*SDLA*	*SDLA*
ESG	−0.127*** (0.036)	−0.143 (0.038)	−0.142*** (0.036)	−0.157*** (0.035)	−0.137*** (0.035)	−0.120** (0.059)
DA1×*ESG*	−0.357* (0.199)					
DA1	0.228 (0.143)					
DA2×*ESG*		−0.788*** (0.378)				
DA2		0.062** (0.272)				
Restate×*ESG*			−0.041** (0.019)			
Restate			0.033** (0.014)			
LTINS×*ESG*				2.256** (1.022)		
LTINS				−1.836** (0.756)		
STINS×*ESG*					−0.081 (0.716)	

续表

变量	(1)	(2)	(3)	(4)	(5)	(6)
	SDLA	*SDLA*	*SDLA*	*SDLA*	*SDLA*	*SDLA*
STINS					−0.061 (0.531)	
OVERINV×*ESG*						−1.232** (0.567)
OVERINV						0.994** (0.409)
控制变量	是	是	是	是	是	是
企业固定效应	是	是	是	是	是	是
年份固定效应	是	是	是	是	是	是
行业固定效应	是	是	是	是	是	是
样本量	28832	28819	29880	29882	29882	9485

延伸阅读

在信息爆炸的时代，决策有用性信息观为我们提供了筛选信息的有效标准。这种观点认为，信息能够影响使用者的经济决策才具有价值。从会计学视角来看，相关性是信息有用性的首要特征，包括预测价值、反馈价值和及时性三个维度。但这一标准不应局限于财务领域，在个人生活中同样适用。当我们面对海量信息时，应当思考：这些信息能否帮助我们更好地预测未来？能否验证过去的判断？是否在决策的关键时点获得？这种思考方式能帮助我们过滤掉大量噪声信息，聚焦真正有价值的内容。值得注意的是，信息的有用性还取决于使用者的认知水平和决策环境，这说明我们只有持续提升信息素养，才能最大化信息的决策价值。

主要参考文献

[1] 白云霞，邱穆青，李伟．投融资期限错配及其制度解释——来自中美两国金融市场的比较[J]．中国工业经济，2016 (7)：23-39.

[2] 方先明，胡丁．企业 ESG 表现与创新——来自 A 股上市公司的证据[J]．经济研究，2023(2)：91-106.

[3] 高杰英，褚冬晓，廉永辉，郑君．ESG 表现能改善企业投资效率吗？[J]．证券市场导报，2021 (11)：24-34，72.

[4] 洪金明，桑倩兰．管理者过度自信、内部控制与企业“短贷长投”[J]．统计与决策，2021(23)：165-169.

[5] 胡洁，于宪荣，韩一鸣. ESG评级能否促进企业绿色转型——基于多时点双重差分法的验证[J]. 数量经济技术经济研究，2023(7)：90-111.

[6] 胡援成，刘明艳. 中国上市公司债务期限结构影响因素：面板数据分析[J]. 管理世界，2011 (2)：175-177.

[7] 蒋海，陈霜怡，王梓峰. 新发展理念下的ESG投资与商业银行风险承担——基于中共二十大报告绿色发展视角[J]. 金融经济学研究，2023(1)：65-83.

[8] 赖黎，唐芸茜，夏晓兰，马永强. 董事高管责任保险降低了企业风险吗——基于短贷长投和信贷获取的视角[J]. 管理世界，2019(10)：160-171.

[9] 李扬. 完善金融的资源配置功能——十八届三中全会中的金融改革议题[J]. 经济研究，2014(1)：8-11.

[10] 李逸飞，李茂林，李静. 银行金融科技、信贷配置与企业短债长用[J]. 中国工业经济，2022 (10)：137-154.

[11] Aouadi A.，Marsat S.. Do ESG Controversies Matter for Firm Value? Evidence from International Data[J]. Journal of Business Ethics，2018，151(4)：1027-1047.

[12] Avramov D. ，Cheng S. ，Lioui A. ，Tarelli A. Sustainable Investing with ESG Rating Uncertainty[J]. Journal of Financial Economics，2022，145(2)：642-664.

[13] Azmi W.，Hassan M. K.，Houston R.，Karim M. S.. ESG Activities and Banking Performance：International Evidence from Emerging Economies[J]. Journal of International Financial Markets，Institutions and Money，2021，70：101277.

[14] Baker E. D.，Boulton T. J.，Braga-Alvess M. V.，Morey M. R.. ESG Government Risk and International IPO Underpricing[J]，Journal of Corporate Finance，2021，67：101913.

[15] Bardos K. S.，Ertugrul M.，Gao L. S.. Corporate Social Responsibility，Product Market Perception，and Firm Value[J]. Journal of Corporate Finance，2020，62：101588.

[16] Benabou R.，Tirole J.. Individual and Corporate Social Responsibility[J]. Economica，2010，77(305)：1-19.

[17] Boone A. L.，White J. T.，The Effect of Institutional Ownership on Firm Transparency and Information Production[J]. Journal of Financial Economics，2015，117(3)：508-533.

[18] Breuer W.，Müller T.，Rosenbach D.，Salzmann A.. Corporate Social Responsibility，Investor Protection，and Cost of Equity：A Cross-country Comparison[J]. Journal of Banking & Finance，2018，96：34-55.

第六章

回归分析方法的应用（中）：决策有用性的计量观

本章导读

本章主要探讨回归分析方法中决策有用性计量观的应用，以及其如何增强财务报告的决策有用性。决策有用性的计量观强调，会计人员应将现值或公允价值纳入财务报告，以提供更准确、更相关的信息，帮助投资者做出更明智的决策。这种观念不仅关注已发生的经济事项，还强调对未来可能产生影响的经济事项的确认和计量。决策有用性在会计学研究方面的应用，包括数字化转型对企业市场价值的影响机制和董事会断裂带与股价崩盘风险的关系。本章内容涵盖了决策有用性计量观的相关理论，为人们理解财务报告决策有用性提供了新的视角和证据。

第一节　决策有用性的计量观

决策有用性的计量观是会计目标理论之一，该观点认为会计人员应为资本市场的投资者提供有用的信息，着眼于财务会计的现代角色。从估值角度看，财务报告侧重于按公允价值确认和估计资产与负债，以提供与公司真实收入相近的盈余综合会计信息。这使得会计信息更具相关性和真实性，有助于投资者更好地理解公司的财务状况和经营成果，从而做出更明智的决策。

决策有用性的计量观还强调使用统计和数学方法来收集、处理和分析数据，以支持决策过程。准确、相关和及时的信息有助于决策者更快地做出更明智的决策，提高了决策效率和效果。此外，计量观还可以帮助决策者更好地理解问题，预测未来趋势，从而减少风险和不确定性。决策有用性计量观的兴起，与市场有效性面临的挑战以及实证证据有关。例如，报告盈余只解释了盈余公布日前后证券价格变化的较小部分，这表明传统的会计信息可能不足以满足投资者的决策需求。因此，计量观的出现和发展为投资者提供了更多有用的信息，有助于他们做出更准确的决策。

一、估值概述

估值的目的主要有以下四个方面：

（1）增强决策有用性。通过引入现值计量方法，财务报告能够更准确地反映公司的真实价值和潜在风险，从而帮助投资者、债权人和其他利益相关者做出更明智的决策。

（2）弥补历史成本基础的局限性。历史成本基础虽然简单易行，但无法反映资产和负债随时间变化的实际价值。现值计量方法能够更好地反映公司的经济实质，提高财务报告的相关性。

（3）应对市场的不完全有效性。实证研究表明，证券市场可能并非完全有效，投资者在评价公司未来盈利可能性时需要更多信息。现值计量方法能够提供关于公司未来现金流和盈利能力的更多信息，有助于投资者做出更准确的判断。

（4）反映复杂金融工具的风险。随着公司越来越多地利用复杂金融工具来控制风险，现值计量方法能够更好地反映这些金融工具的经济特征和潜在风险，有助于投资者了解公司的风险状况。

二、净收益的解释能力

净收益的解释能力主要体现在以下几个方面。

（1）净收益是衡量经济实体（如企业、机构或个人）在特定时期内经营活动所实现的净收入，即扣除相关费用和成本后的利润数额。这一指标直接反映了经济实体的盈利能力。通过净收益，可以清晰地了解经济实体在运营过程中是否实现了盈利，以及盈利了多少。

（2）财务状况和经营绩效所反映的净收益，是评估经济实体财务状况和经营绩效的重要指标。它既反映了经济实体在特定时期内的经营成果，还揭示了成本控制、费用管理和资金利用效率等方面的能力。高净收益通常意味着经济实体具有较强的经营能力和市场竞争力，低净收益则表明公司的经营策略可能需要调整或改进。

（3）对于投资者而言，净收益是评估投资对象（如股票、债券等）价值的重要参考依据。通过分析投资对象的净收益情况，投资者可以判断其盈利能力、成长潜力和投资风险，从而做出更加明智的投资决策。此外，净收益还可以用于计算投资回报率，帮助投资者评估投资绩效。

（4）净收益是衡量整个经济体系发展状况和经济增长率的重要指标之一。通过分析不同行业、不同企业或机构的净收益情况，可以评估整个经济体系中各个部门的贡献以及经济结构的布局。此外，净收益与税收直接相关。税务部门根据公司或机构的净收益情况确定相应的纳税额度，从而影响财政收入和国家公共服务供给能力。

三、证券市场的有效性

证券市场的有效性主要指的是，市场价格能否准确、及时地反映所有相关信息，以及市场参与者能否公平获取这些信息并据此做出理性的投资决策。证券市场的有效性通常通过两个标志来衡量，即价格变动与信息反应。价格变动与信息反应是指市场价格能否自由地根据有关信息而变动，即投资者反应迅速，且不存在价格操控。这要求市场的价格能够迅速反映新信息的出现，无论是利好还是利空，同时要求市场具有高度的透明度，避免内幕交易和信息不对称。要成为有效市场，需满足三个条件：①市场上的投资者都是理性的经济人，他们能够根据可获得的信息进行投资决策，并追求更高的报酬。②证券市场对新的市场信息反应迅速而准确，证券价格能完全反映全部信息。③市场竞争充分，市场竞争使证券价格从旧的均衡过渡到新的均衡，而与新信息相对应的价格变动是相互独立的或随机的。

第二节　决策有用性的计量观应用

一、决策有用性计量观下的企业价值与股价崩盘风险

（一）决策有用性计量观下的企业价值研究

在决策有用性视角下，企业价值评估参数主要来源于会计信息。企业价值是指企业在市场上的整体评估价值，反映了投资者对企业未来盈利能力和发展潜力的预期。企业价值通常基于多种因素来确定，包括但不限于企业的财务状况、行业地位、市场份额、竞争优势、发展前景以及宏观经济环境等。在财务报告中，企业价值不直接体现在资产负债表或损益表上，因为这些报表主要基于历史成本原则而编制。然而，企业价值可以通过多种方法进行估算，如市盈率法、市净率法、现金流折现法等。这些方法考虑了企业的盈利能力、资产质量和未来增长潜

力，从而得出一个更全面的企业价值评估。对于投资者而言，了解企业价值有助于他们做出更明智的投资决策。通过与历史成本或其他财务指标进行比较，投资者可以评估企业的相对价值和潜在风险。此外，企业价值是企业并购、重组等交易活动的重要参考依据。需要注意的是，企业价值是一个动态的概念，它会随着市场环境、企业经营状况等因素的变化而变化。因此，在进行企业价值评估时，需要充分考虑各种因素，并采用合适的方法进行估算。

企业价值是企业现有条件下的盈利能力价值和潜在盈利机会价值的总和，学术界以往的研究大多采用 *ROA*、托宾 *Q* 值、*ROE* 和市值率来衡量企业价值。托宾 *Q* 值在企业投资决策、资本市场分析以及宏观经济政策制定等方面具有广泛的应用。它为企业是否进行新投资提供了决策依据，也为投资者评估企业价值和市场潜力提供了重要参考。此外，托宾 *Q* 值还可以作为宏观经济政策效果的指示器，反映货币政策和财政政策对企业投资行为的影响。

（二）决策有用性计量观下企业股价崩盘风险的研究

股价崩盘风险是指由于某种原因，公司股票价格突然大幅下跌，甚至可能产生公司市值大幅缩水的风险。这种风险通常与市场恐慌、公司业绩下滑、负面新闻或宏观经济环境恶化等因素有关。从历史成本的角度来看，财务报告可能无法及时、准确地反映公司面临的股价崩盘风险。为了降低股价崩盘风险，公司可以采取多种措施，如加强信息披露、提高公司治理水平、优化风险管理机制等。同时，投资者也可以通过分散投资、关注行业动态、及时获取市场信息等方式来降低个人投资风险。股价崩盘风险是投资者和公司都需要密切关注的重要问题。

股价崩盘风险的形成原因复杂多样，主要包括两个方面：①信息不对称与委托代理问题。公司内部管理层出于自身利益考虑，往往会隐藏负面信息而释放好消息，导致信息在公司内部与外部市场之间存在不对称。随着负面信息的不断累积，一旦达到极限，这些信息将集中释放到外部市场，对公司股价造成极大的负面冲击。②市场反应过度。当负面信息集中释放时，投资者可能因恐慌而过度反应，导致股价在短时间内大幅下跌。

股价崩盘风险受多种因素影响。首先是公司内部治理结构，公司高管的行为和决策对股价崩盘风险具有重要影响，股权结构、内部控制等内部治理因素也会影响信息披露质量和股价稳定性。其次是外部市场环境，经济政策不确定性、行业发展趋势等外部市场环境的变化都可能引起股价崩盘风险。最后是投资者行为，即投资者的情绪、风险偏好和决策行为也会引起股价的波动和崩盘风险。为了量化股价崩盘风险，学术界提出了多种度量指标，如负收益偏态系数（*NCSKEW*）和收益上下波动比率（*DUVOL*）等。

（三）决策有用性计量观与企业价值和股价崩盘风险之间的联系

决策有用性的计量观强调，会计信息应当能够准确反映企业的经济实质和市场价值，从而为投资者和其他利益相关者提供有用的决策依据。首先，决策有用性的计量观侧重使用公允价值等现代计量方法，更全面地揭示企业的财务状况和发展前景，投资者可以更加清晰地了解企业的实际价值和发展潜力，从而做出更为明智的投资决策。其次，决策有用性的计量观强调会计报表在报告公司价值方面应当发挥更为基础的作用，这意味着会计报表不仅能反映企业的历史经营成果，还能预测和揭示企业未来的发展趋势和价值变化，有助于投资者制定更为合理的投资策略。此外，决策有用性的计量观增强了企业财务报告的透明度和可比性，企业可以更加清晰地展示其财务状况和经营成果，使投资者能够更容易比较不同企业之间的优劣势和差异，从而提升市场的公平性和效率，促进资源优化配置和经济健康发展。通过采用更准确和更全面的计量方法，可以提升会计报表的基础性作用，增强财务报告的透明度和可比性。总括讲，决策有用性的计量观有助于投资者更好地了解企业的实际价值和发展前景，并做出明智的决策。

股价崩盘风险，即市场指数或个股价格毫无征兆地剧烈下降，可能给投资者带来巨大损失。从计量观的角度来看，准确的财务信息能够反映企业的真实价值和经营状况，从而帮助投资者评估投资风险。如果企业能够及时、准确地披露关键审计事项和其他重要信息，投资者就能够更全面地了解企业的财务状况和风险水平，进而做出更为理性的投资决策；如果企业披露的财务信息存在偏差或不足，投资者可能基于错误的信息做出投资决策，从而增加股价崩盘的风险。此外，决策有用性的计量观还强调财务报告的透明度和可比性，这有助于减少信息不对称现象，降低股价崩盘风险。因此，可以说决策有用性的计量观对于降低股价崩盘风险具有重要意义。

二、企业价值和股价崩盘风险的实证研究

（一） Stata 代码

```
global control Size Intass Lev Roa Duality Dirratio OwnCon1 OwnCon2_10 Age Ritsd Ritmean
xtset code year
*************** 描述性统计 ***************
sum TobinQ Dig Size Intass Lev Roa Duality Dirratio    ///
    OwnCon1 OwnCon2_10 Age Ritsd Ritmean
*************** 基准回归 ***************
reg TobinQ Dig $control, r
reghdfe TobinQ Dig $control, absorb(year) cluster(code)
reghdfe TobinQ Dig $control, absorb(code year) cluster(code)
```

```
**************** 稳健性检验 ****************
*  更换自变量
reghdfe TobinQ Digcited $contro, absorb(code year) cluster(code)
*  更换因变量
reghdfe TobinQ_2 Dig $control, absorb(code year) cluster(code)
*  加入因变量滞后项
reghdfe TobinQ l. TobinQ Dig $control, absorb(code year) cluster(code)
*  更强的固定效应
reghdfe TobinQ Dig $control, absorb(code year#Pro) cluster(code)
*  扩大样本区间
keep TobinQ Dig $control code year
append using 02-12 稳健性数据.dta
reghdfe TobinQ Dig $control, absorb(code year) cluster(code)
*  删除极端样本
drop if countsum <= 5
xtset code year
reghdfe TobinQ Dig $control, absorb(code year) cluster(code)
*  工具变量回归
ivreghdfe TobinQ(Dig= Meanind) $control , absorb(year#ind code) cluster(code) first
**************** 异质性检验 ****************
*  行业竞争程度
reghdfe TobinQ Dig $control if cr==0, absorb(code year) cluster(code)
reghdfe TobinQ Dig $control  if cr==1, absorb(code year) cluster(code)
*  行业数字属性
reghdfe TobinQ  Dig $control if DigInd==1, absorb(code year) cluster(code)
reghdfe TobinQ  Dig $control if DigInd==0, absorb(code year) cluster(code)
*  行业技术活跃度
reghdfe TobinQ Dig $control  if Indtech==1, absorb(code year) cluster(code)
reghdfe TobinQ Dig $control if Indtech==0, absorb(code year) cluster(code)
*  企业规模
reghdfe TobinQ Dig $control  if scale==1, absorb(code year) cluster(code)
reghdfe TobinQ Dig $control  if scale==0, absorb(code year) cluster(code)
*  企业产权
reghdfe TobinQ Dig $control  if EquityNatureID==1, absorb(code year) cluster(code)
reghdfe TobinQ Dig $control  if EquityNatureID==2, absorb(code year) cluster(code)
**************** 机制回归 ****************
```

```
*  机制变量:数字化转型
reghdfe All Dig $control, absorb(code year) cluster(code)
reghdfe tech Dig $control, absorb(code year) cluster(code)
reghdfe App Dig $control, absorb(code year) cluster(code)
*  机制变量:生产经营效率
reghdfe Inveneff Dig $control, absorb(code year) cluster(code)
reghdfe Operaeff Dig $control, absorb(code year) cluster(code)
reghdfe Fineff Dig $control, absorb(code year) cluster(code)
*  机制变量:市场获利能力
reghdfe Interprof Dig $control, absorb(code year) cluster(code)
reghdfe Sustprof Dig $control, absorb(code year) cluster(code)
```

（二）结果分析

1. 基准回归

基准回归的结果如表 6-1 所示。第（1）列显示，在不控制年份和个体固定效应的情况下，*Dig* 的回归系数为 0.113 且在 1%的水平下显著；第（2）列显示，在控制年份固定效应后 *Dig* 的回归系数仍然为正且显著；第（3）列显示，在控制年份和个体固定效应后 *Dig* 的回归系数为 0.049，通过了 1%的统计显著性检验。

表 6-1　基准回归结果（1）

变量	(1)	(2)	(3)
Dig	0.113*** (0.015)	0.117*** (0.022)	0.049*** (0.024)
控制变量	是	是	是
常数项	7.070*** (0.378)	8.350* (0.567)	5.076*** (1.811)
年份固定	否	是	是
个体固定	否	否	是
样本量	5583	5583	5583
调整 R^2 值	0.317	0.355	0.633

注：括号里是回归系数标准误，***、**、*分别表示在 1%、5%、10%水平上统计显著。下同。

2. 稳健性和内生性检验

为验证估计结果的稳健性，进行以下检验。

（1）更换解释变量。从“企业”“年份”这两个维度对数字技术创新专利被引用数加总，进而衡量企业的数字技术创新。结果见表 6-2 第（1）列，*Dig* 的回归系数为 0.040 且在 5%的水平下显著。

（2）更换被解释变量。换用“企业市场价值”与“有形资产”的比值来衡量企业市场价值。结果见表 6-2 第（2）列，*Dig* 的回归系数为 0.054 且在 5%的水平下显著。

（3）将企业市场价值滞后。在回归中加入企业市场价值的时间滞后项进行检验。结果见表 6-2 第（3）列，*Dig* 的回归系数为 0.067 且在 1%的水平下显著。

（4）剔除极端样本。控制极端样本对回归结果的影响。结果见表 6-2 第（4）列，*Dig* 的回归系数为 0.050 且在 5%的水平下显著。

（5）加入省份和年份的交互固定效应（省份×年份）。控制省份层面随年份变化因素的影响，缓解数字经济发展所引起的宏观环境变化。结果见表 6-2 第（5）列，*Dig* 的回归系数为 0.049 且在 5%的水平下显著。

表 6-2　稳健性检验

变量	（1）更换解释变量	（2）更换被解释变量	（3）加入滞后项	（4）删除极端样本	（5）更严格的固定效应
Dig	0.040** (0.020)	0.054** (0.026)	0.067*** (0.023)	0.050** (0.024)	0.049** (0.024)
控制变量	是	是	是	是	是
年份固定	是	是	是	是	省份×年份
个体固定	是	是	是	是	是
样本量	5583	5583	3397	5542	5564
调整 R^2 值	0.633	0.634	0.737	0.632	0.628

3. 异质性检验

（1）行业竞争程度的异质性。如表 6-3 第（1）列所示，在竞争性较低的行业中，数字技术创新的 *Dig* 系数不显著；在第（2）列竞争性较高的行业中，*Dig* 系数在 10%的水平下显著为正。

（2）行业数字属性的异质性。表 6-3 中第（3）列数字产品与数字服务行业的 *Dig* 系数不显著；第（4）列数字创新应用与效率提升行业的 *Dig* 系数在 10%的水平下显著为正。

（3）行业技术活跃性的异质性。表 6-3 中，在第（5）列技术水平较高的行业中，*Dig* 系数不显著；在第（6）列技术水平较低的行业中，*Dig* 系数在 10%的水平下显著为正。

表 6-3　行业特征的异质性检验

变量	行业竞争程度		行业数字属性		行业技术活跃性	
	(1)市场竞争程度低	(2)市场竞争程度高	(3)数字产品与数字服务行业	(4)数字应用与效率提升行业	(5)高技术行业	(6)低技术行业
Dig	0.073 (0.047)	0.056* (0.029)	0.038 (0.039)	0.061* (0.030)	0.060 (0.041)	0.054* (0.030)
控制变量	是	是	是	是	是	是
年份固定	是	是	是	是	是	是
个体固定	是	是	是	是	是	是
样本量	1999	3282	1459	4124	1501	4070
调整 R^2 值	0.617	0.607	0.665	0.617	0.669	0.606

(4) 企业规模的异质性。表 6-4 中第 (1) 列规模大的企业的 *Dig* 系数不显著，第 (2) 列规模小的企业的 *Dig* 估计系数在 5%的水平下显著为正。

(5) 企业产权性质的异质性。表 6-4 中第 (3) 列国有企业的 *Dig* 系数不显著，第 (4) 列非国有企业的 *Dig* 系数在 5%的水平下显著为正。

表 6-4　企业特征的异质性检验

变量	企业规模异质性		企业产权异质性	
	(1) 企业规模大	(2) 企业规模小	(3) 国有	(4) 非国有
Dig	0.020 (0.033)	0.082** (0.035)	0. 028 (0.035)	0.073** (0.032)
控制变量	是	是	是	是
年份固定	是	是	是	是
个体固定	是	是	是	想
样本量	2674	2561	1655	3364
调整 R^2 值	0.670	0.627	0. 702	0.606

三、董事会断裂带与公司股价崩盘风险

(一) Stata 代码

```
**************** 描述性统计 ****************
estpost correlate F1crash4e F1ncskewe Fstrengh Fdistance Fau adturne    ///
    ncskewe sigmae ameanwre, matrix
est store c1
```

```
esttab c1 using D:\L00corr. rtf,/// *** 保存于你所设置的储存路径
    b(4) unstack not noobs compress replace
*************** 基准回归 ***************
logit F1crash4e Fstrengh adturne ncskewe sigmae ameanwre size pb_cs    ///
    lev currentratio roe accm sh cR²_5 index_2014 Y2-Y10 Ind2-Ind21, robust cluster(id)
est store L000
logit F1crash4e Fdistance adturne ncskewe sigmae ameanwre size pb_cs    ///
    lev currentratio roe accm sh cR²_5 index_2014 Y2-Y10 Ind2-Ind21, robust cluster(id)
est store L001
logit F1crash4e Fau adturne ncskewe sigmae ameanwre size pb_cs    ///
    lev currentratio roe accm sh cR²_5 index_2014 Y2-Y10 Ind2-Ind21, robust cluster(id)
est store L002
reg F1ncskewe Fstrengh adturne ncskewe sigmae ameanwre size pb_cs    ///
    lev currentratio roe accm sh cR²_5 index_2014 Y2-Y10 Ind2-Ind21, robust cluster(id)
est store L003
reg F1ncskewe Fdistance adturne ncskewe sigmae ameanwre size pb_cs    ///
    lev currentratio roe accm sh cR²_5 index_2014 Y2-Y10 Ind2-Ind21, robust cluster(id)
est store L004
reg F1ncskewe Fau adturne ncskewe sigmae ameanwre size pb_cs    ///
    lev currentratio roe accm sh cR²_5 index_2014 Y2-Y10 Ind2-Ind21, robust cluster(id)
est store L005
outreg2 [L000 L001 L002 L003 L004 L005]    ///
using D:\L01raw. doc, /// *** 保存于你所设置的储存路径
    drop(F1crash4e F1ncskewe Y2-Y10 Ind2-Ind21 o. * ) word stats(coef tstat) bdec(4) tdec
(4) rdec(4) e(chi2) replace
*************** 稳健性检验 ***************
/ * F1crash4e * /
logit F1crash4e Fstrengh1 adturne ncskewe sigmae ameanwre size pb_cs    ///
    lev currentratio roe accm sh cR²_5 index_2014 Y2-Y10 Ind2-Ind21, robust cluster(id)
est store L100
logit F1crash4e Fdistance1 adturne ncskewe sigmae ameanwre size pb_cs    ///
    lev currentratio roe accm sh cR²_5 index_2014 Y2-Y10 Ind2-Ind21, robust cluster(id)
est store L101
logit F1crash4e Fau1 adturne ncskewe sigmae ameanwre size pb_cs    ///
    lev currentratio roe accm sh cR²_5 index_2014 Y2-Y10 Ind2-Ind21, robust cluster(id)
est store L102
```

```
logit F1crash4e Fstrengh2 adturne ncskewe sigmae ameanwre size pb_cs    ///
     lev currentratio roe accm sh cR²_5 index_2014 Y2-Y10 Ind2-Ind21, robust cluster(id)
est store L103
logit F1crash4e Fdistance2 adturne ncskewe sigmae ameanwre size pb_cs    ///
     lev currentratio roe accm sh cR²_5 index_2014 Y2-Y10 Ind2-Ind21, robust cluster(id)
est store L104
logit F1crash4e Fau2 adturne ncskewe sigmae ameanwre size pb_cs    ///
     lev currentratio roe accm sh cR²_5 index_2014 Y2-Y10 Ind2-Ind21, robust cluster(id)
est store L105
/ * F1ncskewe * /
reg F1ncskewe Fstrengh1 adturne ncskewe sigmae ameanwre size pb_cs    ///
     lev currentratio roe accm sh cR²_5 index_2014 Y2-Y10 Ind2-Ind21, robust cluster(id)
est store L110
reg F1ncskewe Fdistance1 adturne ncskewe sigmae ameanwre size pb_cs    ///
     lev currentratio roe accm sh cR²_5 index_2014 Y2-Y10 Ind2-Ind21, robust cluster(id)
est store L111
reg F1ncskewe Fau1 adturne ncskewe sigmae ameanwre size pb_cs    ///
     lev currentratio roe accm sh cR²_5 index_2014 Y2-Y10 Ind2-Ind21, robust cluster(id)
est store L112
reg F1ncskewe Fstrengh2 adturne ncskewe sigmae ameanwre size pb_cs    ///
     lev currentratio roe accm sh cR²_5 index_2014 Y2-Y10 Ind2-Ind21, robust cluster(id)
est store L113
reg F1ncskewe Fdistance2 adturne ncskewe sigmae ameanwre size pb_cs    ///
     lev currentratio roe accm sh cR²_5 index_2014 Y2-Y10 Ind2-Ind21, robust cluster(id)
est store L114
reg F1ncskewe Fau2 adturne ncskewe sigmae ameanwre size pb_cs    ///
     lev currentratio roe accm sh cR²_5 index_2014 Y2-Y10 Ind2-Ind21, robust cluster(id)
est store L115
outreg2 [L100 L101 L102 L103 L104 L105]    ///
using D:\L11type1. doc, /// *** 保存于你所设置的储存路径
     drop(F1crash4e F1ncskewe Y2-Y10 Ind2-Ind21 o. * )    ///
     word stats(coef tstat) bdec(4) tdec(4) rdec(4) e(chi2) replace
outreg2 [L110 L111 L112 L113 L114 L115]    ///
     using D:\L11type2. doc, /// *** 保存于你所设置的储存路径
     drop(F1crash4e F1ncskewe Y2-Y10 Ind2-Ind21 o. * )    ///
     word stats(coef tstat) bdec(4) tdec(4) rdec(4) e(chi2) replace
```

```
*************** 行业竞争程度差异 ***************
gen dhhi3＝0 if hhi_income5f～＝.
replace dhhi3＝1 if hhi_income5f＞0. 028303
gen Fs_hhi3＝Fstrengh * dhhi3
gen Fd_hhi3＝Fdistance * dhhi3
gen Fa_hhi3＝Fau * dhhi3

logit F1crash4e Fstrengh Fs_hhi3 dhhi3 adturne ncskewe sigmae ameanwre size pb_cs ///
    lev currentratio roe accm sh cR²_5 index_2014 Y2-Y10 Ind2-Ind21, robust cluster(id)
est store L120
logit F1crash4e Fdistance Fd_hhi3 dhhi3 adturne ncskewe sigmae ameanwre size pb_cs ///
    lev currentratio roe accm sh cR²_5 index_2014 Y2-Y10 Ind2-Ind21, robust cluster(id)
est store L121
logit F1crash4e Fau Fa_hhi3 dhhi3 adturne ncskewe sigmae ameanwre size pb_cs ///
    lev currentratio roe accm sh cR²_5 index_2014 Y2-Y10 Ind2-Ind21, robust cluster(id)
est store L122
reg F1ncskewe Fstrengh Fs_hhi3 dhhi3 adturne ncskewe sigmae ameanwre size pb_cs ///
    ev currentratio roe accm sh cR²_5 index_2014 Y2-Y10 Ind2-Ind21, robust cluster(id)
est store L123
reg F1ncskewe Fdistance Fd_hhi3 dhhi3 adturne ncskewe sigmae ameanwre size pb_cs ///
    lev currentratio roe accm sh cR²_5 index_2014 Y2-Y10 Ind2-Ind21, robust cluster(id)
est store L124
reg F1ncskewe Fau Fa_hhi3 dhhi3 adturne ncskewe sigmae ameanwre size pb_cs ///
    lev currentratio roe accm sh cR²_5 index_2014 Y2-Y10 Ind2-Ind21, robust cluster(id)
est store L125
outreg2 [L120 L121 L122 L123 L124 L125] ///
using D:\L12compete. doc, /// *** 保存于你所设置的储存路径
    drop(F1crash4e F1ncskewe Y2-Y10 Ind2-Ind21 o. * ) ///
    word stats(coef tstat) bdec(4) tdec(4) rdec(4) e(chi2) replace
```

（二）结果分析

1. 基准回归

基准回归结果见表 6-5，其中，第（1）列至第（3）列是解释变量 *Crash* 的回归结果，回归系数 *Fst*、*Fd*、*Fau* 分别在 5％、1％和 1％的水平下显著。第（4）列至第（6）列是解释变量 *Ncskew* 的回归结果，回归系数 *Fst*、*Fd*、*Fau* 均在 5％的水平上显著。

表 6-5 基准回归结果（2）

变量	(1) Crash	(2) Crash	(3) Crash	(4) Ncskew	(5) Ncskew	(6) Neskew
Fst	0.3967**			0.1097**		
	(2.5021)			(2.0032)		
Fd		0.3601***			0.0892**	
		(3.5053)			(2.4391)	
Fau			0.2469***			0.0658**
			(3.1986)			(−2.4282)
控制变量	是	是	是	是	是	是
Constant	−0.3071	−0.4843	−0.2615	−0.4467**	−0.4821***	−0.4314**
	(−0.6174)	(−0.9669)	(−0.5374)	(−2.5594)	(−2.7394)	(−2.5174)
行业固定效应	是	是	是	是	是	是
年份固定效应	是	是	是	是	是	是
样本量	13548	13548	13548	13548	13548	13548
伪 R^2/R^2	0.0186	0.0189	0.0188	0.0669	0.0671	0.067

注：括号里是 t 统计量值，***、**、* 分别表示在 1%、5%、10%水平上统计显著。

2. 稳健性检验

表 6-6 是区分断裂带类型的检验结果。*Panel A* 是被解释变量为 *Crash* 的回归结果。第（1）至（3）列中 *Fst*_*s*、*Fd*_*s*、*Fau*_*s* 均不显著，且系数为负；第（4）至（6）列中 *Fst*_*d*、*Fd*_*d*、*Fau*_*d* 的系数均为正，除 *Fd*_*d* 的系数不显著外，*Fst*_*d*、*Fau*_*d* 均在 5%水平下显著。*Panel B* 是被解释变量为 *Ncskew* 的回归结果，同 *Panel A* 大体保持一致，第（1）至（3）列中 *Fst*_*s*、*Fd*_*s*、*Fau*_*s* 均不显著；第（4）至（6）*Fst*_*d*、*Fd*_*d*、*Fau*_*d* 的系数显著为正，*Fst*_*s* 在 5%水平下显著，*Fd*_*d*、*Fau*_*d* 均在 1%水平下显著。

表 6-6 基于不同类型断裂带的检验

Panel A：*Crash*						
变量	(1) Crash	(2) Crash	(3) Crash	(4) Crash	(5) Crash	(6) Crash
*Fst*_*s*	−0.0577					
	(−0.9841)					
*Fd*_*s*		−0.0227				
		(−0.3635)				

续表

Panel A：Crash						
变量	(1) Crash	(2) Crash	(3) Crash	(4) Crash	(5) Crash	(6) Crash
Fau _ s			−0.0351			
			(−0.6105)			
Fst _ d				0.2846**		
				(1.9926)		
Fd _ d					0.1442	
					(1.6158)	
Fau _ d						0.1638**
						(−2.0257)
控制变量	是	是	是	是	是	是
行业固定效应	是	是	是	是	是	是
年份固定效应	是	是	是	是	是	是
样本量						
伪 R^2	0.0183	0.0182	0.0182	0.0184	0.0184	0.0185
Panel B：Ncskew						
变量	(1) Ncskew	(2) Ncskew	(3) Ncskew	(4) Ncskew	(5) Ncskew	(6) Ncskew
Fst _ s	−0.0173					
	(−0.8683)					
Fd _ s		−0.033				
		(−1.6037)				
Fau _ s			−0.0176			
			(−0.9007)			
Fst _ d				0.1236**		
				(2.4638)		
Fd _ d					0.1131***	
					(3.6912)	
Fau _ d						0.0812***
						(2.8602)
控制变量	是	是	是	是	是	是
行业固定效应	是	是	是	是	是	是

续表

Panel B：*Ncskew*						
变量	(1) *Ncskew*	(2) *Ncskew*	(3) *Ncskew*	(4) *Ncskew*	(5) *Ncskew*	(6) *Ncskew*
年份固定效应	是	是	是	是	是	是
样本量	13548	13548	13548	13548	13548	13548
伪 R^2	0.0667	0.0668	0.0667	0.0671	0.0676	0.0672

注：括号里是 t 统计量值，***、**、* 分别表示在 1%、5%、10%水平上统计显著。

3. 行业竞争程度差异

定义虚拟变量 *HHI* 为行业竞争程度，代表行业当年的赫芬达尔指数，高于中位数取 1，否则取 0。结果如表 6-7 所示，第（1）至（3）列是被解释变量为 *Crash* 的回归结果，第（4）至（6）列是被解释变量 *Ncskew* 的回归结果。其中，第（1）和（4）列中断裂带强度与行业竞争程度交乘项（*Fst*×*HHI*）均在 1%水平下显著，且系数为正；第（2）和（5）列中断裂带距离与行业竞争程度的交乘项（*Fd*×*HHI*）不显著；第（3）和（6）列中断裂带交乘项与行业竞争程度的交乘项（*Fau*×*HHI*）的系数为正，且均在 5%水平下显著。

表 6-7 基于行业竞争程度差异的检验

变量	(1) *Crash*	(2) *Crash*	(3) *Crash*	(4) *Ncskew*	(5) *Ncskew*	(6) *Ncskew*
Fst	−0.0388			−0.0381		
	(−0.1745)			(−0.4933)		
Fst×*HHI*	0.8317***			0.2900***		
	(2.7071)			(2.7946)		
Fd		0.2800**			0.0718	
		(1.9949)			(1.4647)	
Fd×*HHI*		0.1659			0.0364	
		(0.8125)			(0.5250)	
Fau			0.0717			0.0065
			(0.6728)			(0.1722)
Fau×*HHI*			0.3470**			0.1201**
			(2.2834)			(2.3316)
HHI	−0.3174*	−0.0744	−0.1262	−0.1770***	−0.0624	−0.1097**
	(−1.6858)	(−0.2517)	(−0.8918)	(−2.8017)	(−0.6206)	(−2.3156)
控制变量	是	是	是	是	是	是

续表

变量	(1) *Crash*	(2) *Crash*	(3) *Crash*	(4) *Ncskew*	(5) *Ncskew*	(6) *Ncskew*
行业固定效应	是	是	是	是	是	是
年份固定效应	是	是	是	是	是	是
样本量	13548	13548	13548	13548	13548	13548
伪 R^2	0.0193	0.0192	0.0194	0.0674	0.0671	0.0674

注：括号里是 t 统计量值，***、**、*分别表示在1%、5%、10%水平上统计显著。

延伸阅读

• William R. Scott，Financial Accounting Theory：Chapter 6——The Measurement Approach to Decision Usefulness。

• Jerold L. Zimmerman，Accounting for Decision Making and Control：Chapter 10——Management Accounting in a Changing Environment。

• 唐雪松，等.《实证研究与计量工具》：第四部分“常用研究模型”——第十一章常用会计研究模型与第十二章常用财务研究模型。

主要参考文献

[1] 梁上坤，徐灿宇，王瑞华. 董事会断裂带与公司股价崩盘风险[J]. 中国工业经济，2020(3)：155-173.

[2] 黄晓波，张霁. 会计环境变革与财务会计理论创新[J]. 审计与经济研究，2011(3)：67-75.

[3] 陶锋，朱盼，邱楚芝，等. 数字技术创新对企业市场价值的影响研究[J]. 数量经济技术经济研究，2023(5)：68-91.

[4] 朱丹，刘星，李世新. 公允价值的决策有用性：从经济分析视角的思考[J]. 会计研究，2010(6)：84-90，96.

[5] 唐嘉尉，尹长萍，蒋水全. 公允价值计量、审计资源配置与审计质量[J]. 财会月刊，2021(7)：89-97.

[6] 毛玥，胡国强，张俊民. 共同机构所有权能抑制超额商誉吗——来自A股上市公司的经验证据[J]. 当代财经，2022(8)：138-148.

[7] 李平. 信息观下公允价值变动损益的信息质量分析[J]. 会计师，2013(21)：9-10.

[8] 蒋勇，陆萍. 基于决策有用计量观的企业价值评估模型适用性研究[J]. 财会通讯，2013(9)：84-86.

[9] 耿毅. 浅谈基于决策有用观的公允价值计量的必要性[J]. 会计之友(下旬刊)，2008(8)：103-104.

[10] 贺建刚，王建明，孙铮. 计量观、准则质量与信息有用性：公允价值论争之解释[J]. 华东经济管理，2013(3)：131-134.

[11] 何春艳. 金融危机下应用公允价值计量的思考——基于决策有用性的计量观[J]. 财会通讯，2010(36)：113-115.

[12] 任世驰，冯丽颖，李志强. 决策有用还是受托责任——IASB财务报告概念框架基础研究[J]. 财经科学，2017(1)：105-115.

[13] 周福源. 事项会计研究:"事项"的定义、分类与记录(计量)[J]. 会计之友，2023(10)：67-73.

[14] 孙丽萍. 决策有用计量观——关于以公允价值为导向的准则[J]. 财会通讯(学术版)，2006，(11)：21-23.

[15] 刘光强. 数据资产赋能企业高质量发展的价值创造逻辑与路径[J]. 财会通讯，2024(4)：3-12，160.

[16] 王建玲. 公允价值计量对财务报告质量的影响研究——基于 A 股上市公司数据[J]. 会计之友，2020(5)：46-51.

[17] Bouwman M J. Expert vs Novice Decision Making in Accounting：A Summary[J]. Accounting，Organizations and Society，1984，9(3-4)：325-327.

[18] Deegan C. EBOOK：Financial Accounting Theory：European Edition[M]. McGraw Hill，2011.

[19] Libby R，Bloomfield R，Nelson M W. Experimental Research in Financial Accounting[J]. Accounting，Organizations and Society，2002，27(8)：775-810.

[20] Scott W R. Financial accounting theory[M]. Pearson，2015.

[21] Zimmerman J L. Accounting for Decision Making and Control[M]. McGraw-Hill，2011.

第七章

回归分析方法的应用（下）：经济后果与实证会计理论

本章导读

深入探讨会计学的广阔领域时，经济后果与实证会计理论是两个不可或缺的核心概念，它们不仅重塑着我们对会计实践的理解，也深刻影响着会计政策制定、企业财务报告以及资本市场运作方式。本章将引领读者穿越理论与实践的交汇点，探索经济后果如何驱动会计选择，以及实证会计理论如何成为这一过程的科学分析工具。经济后果理论强调，会计政策的选择并非仅是技术性的账务处理问题，它具有广泛的经济影响。不同的会计处理方法能够使企业财务报表呈现出不同的财务状况、经营成果和现金流量信息，这些信息会影响企业融资成本、投资决策、税收负担、管理层薪酬乃至企业声誉等多个方面。为了深入理解经济后果背后的机制，实证会计理论应运而生。实证会计理论不仅关注会计信息的生成与披露过程，还探究这些信息如何被市场参与者理解和利用，以及它们如何影响企业的市场价值和资源配置效率。本章旨在通过深入浅出的讲解和丰富的案例分析，帮助读者把握这两个理论的核心要义，激发读者对会计领域深层次问题的思考。

第一节　经济后果

一、概述

经济后果是指，不论有效证券市场理论的含义如何，会计政策的选择都会影响企业的价值。其中所指的会计政策是广义的，它涵盖了影响企业财务报表的所有会计处理方法。与此相反，有效市场理论则持更为中立的立场，认为只要未来现金流量没有受到直接影响，会计政策的变动就不会对企业的市场价值产生实质性影响。然而，经济后果论更加深刻地揭示了会计政策与企业价值之间的复杂联系，强调了会计政策在引导资源配置、影响利益相关者行为等方面的重要作用。

会计政策选择的经济后果之所以重要，首先，它是会计实务中的热点议题，直接关系到企业的经济利益与决策。其次，忽视会计政策选择的观点与会计实践相悖，现实中，会计政策的选择与调整不断引发争议，影响了财务报告披露，展现了经济后果的实质。再者，经济后果的存在源于企业契约，尤其是薪酬与债务契约，这些契约使会计政策选择成为关键信息源，影响投资者决策。管理者也用此作为内部信息的可信信号，进一步凸显了其重要性。因此，深入理解会计政策选择的经济后果对于把握企业经济动态、优化决策至关重要。

二、经济后果的产生

在斯蒂芬·泽夫的论文《“经济后果”的产生》中，对经济后果的定义揭示了会计报告超越反映决策的深远影响，它实际上干预了企业、政府及债权人的决策过程。泽夫通过实例阐明，各方为影响会计准则的制定进行了积极干预，使会计准则的制定过程复杂化。这体现了会计政策选择不仅是准则制定者与执行者间的技术活动，更是经济利益的博弈。若会计政策无实质的经济后果，会计政策的选择将仅限于技术层面的讨论，而不是广泛的社会参与。但现实是，第三方干预让会计政策选择具有了深刻的经济意义，其影响远非中立。泽夫的观点在当下依然具有较高的适用性和说服力，强调了会计政策在经济社会中的核心地位和重要作用。

第二节　实证会计理论

一、概述

在“实证会计理论”的框架下，“实证”一词深刻体现了该理论致力于通过系统观察和数据分析对现实经济活动中公司管理层的行为及其后果进行合理预测与解释的核心特征。这一理论不仅聚焦公司管理层如何根据内外部环境选择会计政策，还关注管理层如何响应新的会计准则或政策提案。实证会计理论的基本假设是，公司倾向于采用最有利于其生存和发展的组织结构与策略。这包括公司在管理结构上的选择，如分权与集权的程度；在业务活动上的决策，如内部化或外部化特定业务；以及在融资策略上的偏好，如是否更多地采用负债融资等。这些决策均受到一系列复杂因素的共同影响，包括但不限于法律和制度环境、技术发展水平以及行业竞争态势等。

实证会计理论的核心在于，通过实证研究来探索不同公司在不同治理结构与环境条件下如何权衡上述两个目标，并据此选择最适合自身情况的会计政策。该理论旨在解释和预测多样化情境下管理人员如何做出会计政策的选择，而非直接指导个人或群体如何行动。与此相对，规范性理论则明确提出了如何实施的建议或标准。然而，规范性理论的预测能力很大程度上取决于个人或群体在决策时是否遵循其提出的规范。因此，尽管规范性理论提供了明确的指导方向，但预测效果还需取决于实际决策者的行为是否符合理论预期。我们认识到规范和实证方法对理论发展和检验都是有价值的、这两种方法是相辅相成的就足够了。

二、实证会计理论三大假设

（1）分红计划假设。在实施分红计划的公司中，经理人员倾向于选择将未来收益提前至当期的会计程序，提高当期净利润，进而增加当期红利。这种选择虽会减少未来报告收益及红利，但经理人员更看重当前红利增加的即时效用，认为其现值高于未来红利的减少。这一行为体现了实证会计理论中对管理层会计政策选择的合理解释。

（2）债务契约假设。在面临以会计为基础的债务违约风险时，公司经理人员可能倾向于调整会计程序，将未来期间的潜在收益提前计入当期，以提升当期报告的净收益。此举旨在降低公司技术性违约的可能性，避免因违约而遭受的如股利限制或贷款中断等惩罚。债务契约中的保护条款，如权益负债率、利息保障倍数等标准，若未达标，将触发违约机制。因此，当公司接近或已触及这些标准时，经理人员更有动力采用会计手段，增加当期盈利，以确保公司财务健康和运营灵活。

（3）政治成本假设。在其他条件保持稳定的情况下，公司所面临的政治成本若显著增加，经理人员往往会采取一种策略，将报告收益从当前会计期间递延至后续期间。这背后蕴含的政治成本假设，深刻影响了会计政策的选择与实施。具体而言，当公司的高盈利能力成为社会的焦点时，不仅吸引了媒体和公众的广泛关注，也能触动政治层面的敏感神经。这种情况下，政府为了平息公众的不满情绪或平衡利益分配，可能会对高盈利企业采取更为严格的税收政策和监管措施。为了规避这些潜在的政治风险与额外成本，公司经理人员倾向于采取保守的会计政策，如后进先出法等，以减缓盈利水平的显著波动，从而降低可能被政府征税或实施其他管制措施的风险。

第三节　案例分析

本节聚焦两个重要议题：一是数字基础设施政策如何影响企业的数字化转型，是“赋能”还是“负能”；二是绿色信贷政策在提升企业环境社会责任方面的有效性，基于外部约束与内部关注的视角探讨，深刻揭示不同政策对企业经济后果的多维度影响。

一、文献综述与理论分析

（一）数字基础设施建设的政策背景

近年来，数据中心加快了人工智能融合平台等的建设。地方政府在推动数字基础设施建设方面发挥着至关重要的作用。这些基础设施显著地展现出公共品的特性，其庞大的投资规模、高昂的融资成本以及较长的回报周期，共同构成了社会资本投资意愿不足的主要原因。为了克服这一难题，地方政府不仅承担起“领路人”的角色，通过制定详细的行动计划和方案来指导和推进数字基础设施的建设；还充当了“监管人”的角色，确保各项政策得到有效执行。

（二）数字基础设施政策与企业外部环境

在推动企业数字化转型的过程中，资金支持和技术人才是关键要素，往往也是企业面临的主要挑战。为了克服这些障碍，数字基础设施政策扮演了举足轻重的角色，通过精准施策，如政府补贴、信贷优惠以及强化技术人才引进与培养体系，为企业的数字化转型之路铺设了坚实的基石。

首先提及的是政府补贴强有力的杠杆效应。在这一框架下，地方政府积极响应数字基础设施政策导向，向企业慷慨提供财政补贴。再有，信贷支持这个强有力后盾也尤为关键。在严峻的外部融资挑战下，企业往往因难以独自承担数字化转型所需的高额成本而步履维艰，这严重抑制了企业数字化进程的推进。地方政府敏锐地捕捉到了这一痛点，主动充当起桥梁角色，积极促进银行及其他金融机构向企业提供定制化的资金援助政策。信贷支持的引入，不仅显著拓宽了企业的融资渠道，还降低了融资成本，有效破除了“融资难、融资贵”的双重桎梏，为企业顺利推进数字化转型注入了强劲动力。最后是技术人才的引进与培养。在数字化转型过程中，技术人才的短缺也是企业面临的一大难题。数字基础设施政策的实施促进了相关数字产业的发展，从而创造了更多高技能岗位，吸引了具备数字化知识和相关技能的人才快速聚集。

（三）数字基础设施政策与企业内部能力

基础设施政策的实施在多个方面对企业产生了深远影响，它不仅显著改善了企业的经营状况，还极大地强化了企业的内在能力建设，成为促进企业加速数字化转型的重要驱动力。具体来说，主要通过以下三个途径实现这些目标：①降低企业经营成本。数字基础设施政策的扶持措施不仅极大地拓宽了企业的生产要素供给渠道，还通过政府补贴、优惠信贷等一系列金融手段，为企业注入了不可或缺的资金活力，支持着企业的持续发展和创新升级。这些措施显著降低了企业在数字化转型过程中的经营成本，缓解了高投入、长周期和试错风险大而导致的资金压力。②促进研发创新活动。在资金支持的保障下，企业更有动力研发创新。③引导资源重新配置。数字基础设施政策传递出政府对不同行业的资源倾斜信号，有助于弥补市场缺陷，使社会资源向具有发展潜力和创新能力的企业倾斜。通过资源的重新配置，企业能够获得更多的发展机会和资源支持，进而扩大规模和优势，提高生产率和市场竞争力，优化外部环境。

（四）数字基础设施政策的经济后果

数字基础设施政策对企业数字化转型的影响具有复杂性和双重性。在推动企业数字化转型的过程中，需要充分考虑政策的“赋能”与“负能”效果，制定合理的政策措施，以充分发挥其积极作用并规避潜在风险。

二、实证分析

（一）数据说明

以 2011～2020 年沪深 A 股上市公司为研究对象，对数据做如下处理：①保留工业企业和正常上市的样本；②剔除 ST 等样本；③对连续型变量进行 1% 层面的缩尾处理。企业及地区层面的原始数据来自国泰安数据库，具体变量及定义见表 7-1。

（二）变量设定

表 7-1　变量定义表（1）

变量名称	变量符号	变量定义
数字化转型	*digital*	借鉴吴非（2022）的文章衡量企业数字化转型程度
数字基础设施政策	*policy*	数字基础设施政策出台数量
企业规模	*size _ emp*	以企业员工人数的对数值衡量
企业年龄	*age*	样本所在年份与成立年份之差

续表

变量名称	变量符号	变量定义
资本结构	*leverage*	负债合计与资产总计的比率
流动比率	*liquid*	流动资产占流动负债的比重
固定资产比率	*fixasset*	固定资产净值与资产总计的比值
资本密集度	*capinten*	资产总计与营业收入的比率
盈利能力	*roa*	净利润与资产总计的比值
企业现金量	*cash*	货币资金除以资产总计
两职合一	*dual*	虚拟变量
股权集中程度	*top*10	前十大股东持股比例
第三产业占比	*stru*3	以第三产业占 GDP 比重衡量
经济发展水平	*lgdp*	地区 GDP 的对数值
金融发展水平	*finance*	地区金融机构贷款总额与 GDP 的比值

（三）描述性统计

```
clear
global controls size_emp age leverage liquid fixasset capinten roa cash   ///
    dual top10 stru3 lgdp finance
sum digital policy $controls
```

（四）基准回归

```
use "D:\原始数据.dta", clear
xtset id time
*基准回归
*无控制变量
reghdfe digital policy, absorb(id time) vce(r)
*有企业特征控制变量
reghdfe digital policy size_emp age, absorb(id time) vce(r)
*有企业特征控制变量、财务特征控制变量
reghdfe digital policy size_emp age leverage liquid fixasset capinten   ///
    roa cash, absorb(id time) vce(r)
*有企业特征控制变量、财务特征控制变量、治理结构控制变量
reghdfe digital policy size_emp age leverage liquid fixasset capinten   ///
    roa cash dual top10, absorb(id time) vce(r)
```

```
*有企业特征控制变量、财务特征控制变量、治理结构控制变量、宏观经济控制变量
reghdfe digital policy controls, absorb(id time) vce(r)
```

上述基准的回归结果如表 7-2 所示。

表 7-2　基准回归结果（3）

变量	*digital*				
	(1)	(2)	(3)	(4)	(5)
policy	0.005*** (0.002)	0.005*** (0.002)	0.005*** (0.002)	0.005*** (0.002)	0.005*** (0.002)
controls	否	否	是	是	是
企业固定效应	控制	控制	控制	控制	控制
行业固定效应	控制	控制	控制	控制	控制
省份固定效应	控制	控制	控制	控制	控制
时间固定效应	控制	控制	控制	控制	控制
观测值	16033	16033	16033	16033	16033
R^2	0.727	0.730	0.732	0.732	0.732

注：括号里是 p 统计量值，***、**、*分别表示在 1%、5%、10%水平上统计显著。

（五）稳健性检验

```
*稳健性检验与异质性分析
*工具变量法检验
xtset id time
ivreghdfe digital $controls (policy=IV1 IV2 ), absorb(id time) r first
*替换解释变量
*数字基础设施政策效力
xtset id time
reghdfe digital wpolicy $controls, absorb(id time) vce(r)
*数字基础设施政策累计数量
reghdfe digital tnpolicy $controls, absorb(id time) vce(r)
*重新量化企业数字化转型
xtset id time
*替代被解释变量为工业机器人应用水平
reghdfe robot_IFR policy stru3 lgdp finance, absorb(id_city time) vce(r)
```

稳健性检验主要采用工具变量法和分别替换解释变量与被解释变量的方法，回归结果如表 7-3 所示，可以看出结果仍是显著的。

表 7-3 稳健性检验结果

变量	(1)	(2)	(3)	(4)	(5)
	policy	*digital*	*digital*	*digital*	*robot _ IFR*
*IV*1	−0.170*** (0.014)				
*IV*2	−0.038** (0.005)				
policy _ IV		0.043* (0.020)			
wpolicy			0.002* (0.001)		
tnpolicy				0.004** (0.001)	
policy					0.889* (0.456)
控制变量	是	是	是	是	是
时间固定	是	是	是	是	是
企业固定	否	否	是	是	否
城市固定	否	否	否	否	是
样本量	16033	16033	16033	10633	2704
R^2	0.986	0.986	0.732	0.732	0.784

注：括号里是 *p* 统计量值，***、**、* 分别表示在1%、5%、10%水平上统计显著。

（六）异质性检验

```
* 数字基础设施政策的异质性影响
* 企业规模
xtset id time
reghdfe digital policy $controls if income==0, absorb(id time) vce(r)
reghdfe digital policy $controls if income==1, absorb(id time) vce(r)
* 企业所有制
reghdfe digital policy $controls if soe==0, absorb(id time) vce(r)
reghdfe digital policy $controls if soe==1, absorb(id time) vce(r)
```

异质性检验主要基于企业规模以及产权性质进行检验，结果如表 7-4 所示。

表 7-4　异质性检验结果

变量	企业规模		所有制	
	大规模	小规模	国有	非国有
policy	(1)	(2)	(3)	(4)
	0.007 (0.005)	0.004* (0.002)	0.002 (0.003)	0.007*** (0.003)
控制变量	是	是	是	是
时间固定	是	是	是	是
企业固定	是	是	是	是
样本量	2224	13730	5166	10811
R^2	0.749	0.738	0.733	0.731

注：括号里是 p 统计量值，***、**、*分别表示在 1%、5%、10%水平上统计显著。

三、文献综述与理论分析

（一）政策背景

自 20 世纪 70 年代以来，绿色金融迅速兴起，成为推动企业绿色发展的重要资金来源。2007 年，中国政府部门开始重视绿色信贷，发布了《关于落实环保政策法规防范信贷风险的意见》，明确了银行业在绿色信贷中的角色。2012 年，中国银行业监督管理委员会正式发布了《绿色信贷指引》，为银行业实施绿色信贷提供了全面的指导框架。2014 年，原银监会进一步细化了绿色信贷政策的执行标准，制定了《绿色信贷实施情况关键评价指标》，为强化风险管理提供了坚实的依据。

（二）绿色信贷政策与企业环境社会责任

绿色信贷政策与排污权交易等环境治理策略并驾齐驱，共同成为利用市场机制应对环境挑战的创新典范。其核心策略在于，将环境外部成本转化为企业内部负担，通过金融机构在贷款审批中融入环保因素，引导企业决策向更加绿色可持续的方向倾斜。绿色信贷政策的实施，是一个贯穿企业生命周期各阶段的系统性工程，彰显了多主体协同共治的力量。在传统金融体系下，环境绩效评估的缺失与资金流向监控的不足，常使绿色企业在信贷市场中难以彰显绿色优势，导致市场资源配置扭曲。绿色信贷政策的产生，正是为了破解这一难题，它强制要求金融机构在信贷审批流程中，深入审视企业的环境足迹，涵盖建设、生产及运营全链条对环境的影响。企业若想在绿色信贷市场中脱颖而出，就必须采取主动策略，通过积极践行环境社会责任并详尽披露环境信息，向金融机构传递强烈的绿色信号。这种自我展示不仅有助于提升企业在信贷市场的绿色信誉，还能为其赢得更优惠的融资条件，形成一个正向反馈循环，即绿色信贷政策激发企业加强环境管理，企业通过履行环境责任和信息透明化赢得金融机构的青睐，进而获得更多的绿色金融资源，为可持续发展注入强劲动力。

（三）绿色信贷与环境社会责任的调节机制

关于绿色信贷与环境社会责任的调节机制，可通过拓宽融资渠道与提升资金运用效率两大方面予以阐述。一方面，面对绿色信贷政策带来的融资压力，企业可利用商业信用作为融资替代方案，以减轻绿色信贷的直接冲击。基于替代性融资理论，当传统信贷渠道受限时，企业会将商业信用作为资金来源的补充，以维持运营资金流。这种行为模式实际上是在规避绿色信贷政策对污染企业融资成本的抬升，从而间接减弱了政策促进企业承担环境责任的作用。另一方面，绿色信贷政策的实施也促使企业反思并优化资金使用效率。传统上，企业在低资金成本环境下可能更倾向于非绿色、环境效率较低的投资。然而，随着绿色信贷政策的推进，污染企业的融资难度增加，同时金融机构监管趋严，迫使企业重新评估投资策略。企业开始通过提升内部资金配置效率，减少不必要的资金占用，以降低对外部融资的依赖。

（四）绿色信贷激励环境社会责任的理论

企业及制度环境等因素，深刻影响着企业履行社会责任的广度与深度，而经济资源的充裕程度则构成了关键性的驱动力量。具体而言，绿色信贷政策通过两条核心路径促进在位企业提升环境社会责任的参与度：一是通过政策引导与激励，优化金融资源配置，使积极履行环境责任的企业能够获得更为便捷、低成本的融资渠道；二是借助环境规制的强化效应，增加未履行或履行不力企业的融资难度与成本，从而间接推动企业加强环境管理，提升社会责任表现。这两条路径相辅相成，共同构成了绿色信贷政策推动企业社会责任实践的强大动力。

（五）绿色信贷政策的经济后果

在构建现代化环境治理体系的背景下，金融机构与企业的行为选择成了推动产业结构优化与生产方式变革的关键力量，直接塑造了环境规制政策的最终成效。绿色信贷政策作为这一体系的关键杠杆，旨在引导金融机构与企业主动承担起更广泛的环境与社会责任，通过优化资源配置，有效平衡经济发展与绿色转型之间的关系，成为推动绿色可持续发展的核心驱动力。

四、实证分析

基于上述背景，以 2006～2020 年中国 A 股上市公司数据为研究对象，进行一系列的变量处理。行业污染排放数据来自历年的《中国环境统计年鉴》。从CSMAR数据库获取了上市公司高管特征数据，与政府的政策关联匹配后，最终得到1297个样本观测值，具体变量及定义见表7-5。

（一）变量设定

表7-5　变量定义表（2）

变量名称	变量符号	变量定义
前端治理	*FG*	企业是否开发或使用对环境有益的创新产品、设备或技术，是取1，否取0
末端治理	*EG*	企业是否采取减少废气、废水、废渣及温室气体排放等政策或措施，是取1，否取0
员工绿色行为	*EB*	企业是否开展绿色办公，是取1，否取0
绿色信贷政策	*Gcp*	见上文具体描述
企业规模	*Size*	年总资产的自然对数值
企业年龄	*Age*	样本所在年份与成立年份之差
资产负债率	*Lev*	年末总负债除以年末总资产
净资产流转率	*ATO*	销售收入除以期初期末净资产总额均值
现金流比率	*Cashflow*	经营活动产生的现金流除以总资产
营业收入增长率	*Growth*	本年营业收入与上一年营业收入之比减1
总资产净利润率	*ROA*	净利润除以总资产平均余额
净资产收益率	*ROE*	净利润除以股东权益平均余额
企业性质	*SOE*	国有企业取1，其余为0

（二）平行趋势与政策时间唯一性

若受到处理的时间不是唯一的，即政策开始之前存在其他显著的政策效应，则上述估计的平均处理效应可能并非绿色信贷政策的实施效果。为确保平行趋势假设和政策时点唯一性成立，进行两种检验：①检验平行趋势假设是否成立；②仅保留政策开始之前的样本，并将政策开始时间分别提前3年和4年，检验结果见表7-6。

```
clear all
set more off
cd "$path\数据"
global path "C:\Users"
local out "using $path\out\Table14.csv"
cls
```

```
** 政策时间唯一性检验
use 基准数据.dta, clear
keep if year < 2012
global controls Size Lev ROA ROE ATO Cashflow Growth SOE
* 政策提前至 2009 年,进行政策时间唯一性检验,并将结果储存在 m1-m3
reghdfe FG Gcp_placebo2009 $controls, absorb(id Industry prov year) vce(cluster Industry)
est store m1
reghdfe EG Gcp_placebo2009 $controls, absorb(id Industry prov year) vce(cluster Industry)
est store m2
reghdfe EB Gcp_placebo2009 $controls, absorb(id Industry prov year) vce(cluster Industry)
est store m3
* 政策提前至 2008 年,进行政策时间唯一性检验,并将结果储存在 m4-m6
reghdfe FG Gcp_placebo2008 $controls, absorb(id Industry prov year) vce(cluster Industry)
est store m4
reghdfe EG Gcp_placebo2008 $controls, absorb(id Industry prov year) vce(cluster Industry)
est store m5
reghdfe EB Gcp_placebo2008 $controls, absorb(id Industry prov year) vce(cluster Industry)
est store m6
local model "m1 m2 m3 m4 m5 m6"
esttab `model' `out', replace nogap compress star( * 0.1 ** 0.05 *** 0.01)    ///
        s(N R2) b(%6.4f) se(%6.4f) keep(Gcp_placebo * _cons)
```

表 7-6 政策时间唯一性检验

变量	(1)	(2)	(3)	(4)	(5)	(6)
	政策提前至 2009 年			政策提前至 2008 年		
	FG	EG	EB	FG	EG	EB
Gcp _ placebo 2009	−0.0089 (0.0300)	0.0022 (0.0055)	0.0044 (0.0088)			
Gcp _ placebo 2008				0.0879 (0.1457)	0.0018 (0.0024)	0.0167 (0.0084)
Cons	−0.4112 (1.5297)	−0.0687 (0.0890)	−0.3081 (1.0590)	−0.2656 (1.5935)	−0.0656 (0.0911)	−0.2801 (1.0716)
企业固定效应	控制	控制	控制	控制	控制	控制
行业固定效应	控制	控制	控制	控制	控制	控制
省份固定效应	控制	控制	控制	控制	控制	控制

续表

变量	(1)	(2)	(3)	(4)	(5)	(6)
	政策提前至 2009 年			政策提前至 2008 年		
	FG	EG	EB	FG	EG	EB
时间固定效应	控制	控制	控制	控制	控制	控制
观测值	1692	1692	1692	1692	1692	1692
R^2	0.4703	0.9711	0.9506	0.4706	0.9711	0.9506

注：括号里是 p 统计量值，***、**、* 分别表示在 1%、5%、10%水平上统计显著。

（三）基准回归

```
** 基准回归
use 基准数据.dta, clear
* 基准回归并控制个体和行业
reghdfe FG Gcp Treat $controls, absorb(id Industry) vce(cluster Industry)
est store m1
reghdfe EG Gcp Treat $controls, absorb(id Industry) vce(cluster Industry)
est store m2
reghdfe EB Gcp Treat $controls, absorb(id Industry) vce(cluster Industry)
est store m3
* 基准回归并控制个体、行业、年份与省份
reghdfe FG Gcp Treat $controls, absorb(id Industry prov year) vce(cluster Industry)
est store m4
reghdfe EG Gcp Treat $controls, absorb(id Industry prov year) vce(cluster Industry)
est store m5
reghdfe EB Gcp Treat $controls, absorb(id Industry prov year) vce(cluster Industry)
est store m6
local model "m1 m2 m3 m4 m5 m6"
esttab `model' `out', replace nogap compress star( * 0.1 ** 0.05 *** 0.01)    ///
    s(N R2) b(%6.4f) se(%6.4f) keep(Gcp Treat _cons)
```

上述基准回归的结果如表 7-7 所示。

表 7-7　绿色信贷与企业环境社会责任行为

变量	(1)	(2)	(3)	(4)	(5)	(6)
	FC	EG	EB	FG	EG	EB
Gcp	0.0692*** (−0.0168)	0.0305** (−0.0145)	0.0562*** (−0.0069)	0.0647*** (−0.0159)	−0.0328** (−0.0141)	0.0551*** (−0.0055)

续表

变量	(1)	(2)	(3)	(4)	(5)	(6)
	FC	EG	EB	FG	EG	EB
Treat	0.0143 (−0.0195)	0.051 (−0.0335)	0.0556*** (−0.0069)	−0.0316 (−0.035)	0.0538 (−0.0313)	−0.004 (−0.0057)
Cons	−1.0468*** (−0.3327)	−0.0922 (−0.3845)	−0.4332** (−0.1713)	−0.0451 (−0.6125)	0.3595 (−0.3227)	0.5950* (−0.3141)
观测值	8334	8334	8334	8334	8334	8334
R^2	0.4045	0.857	0.9448	0.4412	0.8592	0.9481

注：括号里是 p 统计量值，***、**、*分别表示在1%、5%、10%水平上统计显著。

（四）稳健性检验

分别从处理组和控制组的差异性、政策效果的随机性、样本选择、其他政策的混杂性以及宏观因素等方面检验基准回归结果的稳健性。

(1) 倾向得分匹配（PSM）和熵平衡匹配方法（EBM）。

(2) 安慰剂检验。①替换被解释变量；②随机划分处理组与控制组。

(3) 样本选择问题。使用 Heckman 模型进行样本选择偏误检验。

(4) 排除其他政策的影响。①2015 年实施《环保法》的影响；②其他绿色金融政策的作用。

```
** PSM/EBM 估计结果
*逐年 PSM 组间平衡性检验:以前端治理为例
forvaluest = 2006/2020{
use 基准数据.dta,clear
keep if year == `t'
dis "====== 第`t'年的检验 ======"
local matchlist " $controls"
qui psmatch2 treat `matchlist', out(FG) logit neighbor(4) common ties
cap pstest, both
    if _rc == 0 {
    pstest, both
  }
}
use 基准数据.dta, clear
*进行倾向得分匹配(PSM)和熵平衡匹配方法(EBM)
reghdfe FG Gcp Treat $controls [weight = wgt], absorb(id Industry prov year)    ///
```

```
    vce(cluster Industry)
est store m1
reghdfe EG Gcp Treat $ controls [weight = wgt], absorb(id Industry prov year)    ///
    vce(cluster Industry)
est store m2
reghdfe EB Gcp Treat $ controls [weight = wgt], absorb(id Industry prov year)    ///
    vce(cluster Industry)
est store m3
ebalance treat $ controls, targets(1)
rename _webal weight//将变量_webal 改名为 weight
reghdfe FG Gcp Treat $ controls [aweight = weight], absorb(id Industry prov year)    ///
    vce(cluster Industry)
est store m4
reghdfe EG Gcp Treat $ controls [aweight = weight], absorb(id Industry prov year)    ///
    vce(cluster Industry)
est store m5
reghdfe EB Gcp Treat $ controls [aweight = weight], absorb(id Industry prov year)    ///
    vce(cluster Industry)
est store m6
local model "m1 m2 m3 m4 m5 m6"
esttab `model' `out', replace nogap compress star( * 0.1 ** 0.05 *** 0.01)    ///
    s(N R2) b(%6.4f)  se(%6.4f)
** 排除其他政策的影响
use 基准数据.dta, clear
* ====== 环保法 ====== *
gen EPL = year>2015
*进行基准回归
reghdfe FG Gcp Treat $ controls EPL c.year, absorb(id Industry prov ) vce(cluster Industry)
est store m1
reghdfe EG Gcp Treat $ controls EPL c.year, absorb(id Industry prov ) vce(cluster Industry)
est store m2
reghdfe EB Gcp Treat $ controls EPL c.year, absorb(id Industry prov ) vce(cluster Industry)
est store m3
* ====== 绿色金融改革创新试验区 ====== *
Preserve
*删除实行绿色金融改革创新的省份,进行基准回归
drop if (prov == 20)|(prov == 17)|(prov == 13)|(prov == 27)|(prov == 24)|
(prov == 15)
```

```
reghdfe FG Gcp Treat $controls, absorb(id Industry prov year) vce(cluster Industry)
est store m4
reghdfe EG Gcp Treat $controls, absorb(id Industry prov year) vce(cluster Industry)
est store m5
reghdfe EB Gcp Treat $controls, absorb(id Industry prov year) vce(cluster Industry)
est store m6
restore
local model "m1 m2 m3 m4 m5 m6"
esttab `model' `out', replace nogap compress star( * 0.1 ** 0.05 *** 0.01)    ///
        s(N R2) b(%6.4f) se(%6.4f) keep(Gcp Treat EPL _cons)
```

（五）政策调节效应检验

当绿色信贷政策发挥作用时，企业的反应并不是唯一的。以商业信用和资金使用效率两个关键要素作为调节机制，检验绿色信贷政策的实际影响效果，检验结果如表 7-8 所示。

```
** 调节效应分析
use 调节效应数据.dta, clear
* 商业信用调节效应
gen inter1 = Gcp * TC
reghdfe FG Gcp inter1 TC $controls, absorb(id Industry prov year) vce(cluster Industry)
est store m1
reghdfe EG Gcp inter1 TC $controls, absorb(id Industry prov year) vce(cluster Industry)
est store m2
reghdfe EB Gcp inter1 TC $controls, absorb(id Industry prov year) vce(cluster Industry)
est store m3
* 资金使用效率调节效应
gen inteR2 = Gcp * Inveff
reghdfe FG Gcp inteR2 Inveff $controls, absorb(id Industry prov year) vce(cluster Industry)
est store m4
reghdfe EG Gcp inteR2 Inveff $controls, absorb(id Industry prov year) vce(cluster Industry)
est store m5
reghdfe EB Gcp inteR2 Inveff $controls, absorb(id Industry prov year) vce(cluster Industry)
est store m6
local model "m1 m2 m3 m4 m5 m6"
esttab `model' `out', replace nogap compress star( * 0.1 ** 0.05 *** 0.01)    ///
        s(N F R2) b(%6.4f) se(%6.4f) keep(Gcp inter1 inteR2 TC Inveff)
```

表 7-8　政策调节效应检验

变量	(1)	(2)	(3)	(4)	(5)	(6)
	商业信用调节效应			资金使用效率调节效应		
	FG	EG	EB	FG	EG	EB
Gcp	0.0725*** (0.0153)	−0.0158** (0.0070)	0.0475*** (0.0118)	0.0296*** (0.0134)	−0.0203** (0.0071)	0.0288*** (0.0101)
交互项	−0.0126*** (0.0040)	0.0003 (0.0023)	−0.0083** (0.0030)	0.0457*** (0.0197)	0.0068 (0.0121)	0.0257** (0.0110)
Cons	−0.2799 (0.5559)	0.9176** (0.3388)	0.0109 (0.4576)	1.2074*** (0.2625)	0.9121** (0.3201)	−0.0872 (0.4198)
观测值	7670	7670	7670	8334	8334	8334
R^2	0.4404	0.9408	0.5300	0.8758	0.9389	0.5386

注：括号里是 p 统计量值，***、**、* 分别表示在 1%、5%、10% 水平上统计显著。

（六）机制检验

基于前文的分析论证，现对以下两个路径进行检验：①融资成本效应与融资渠道效应检验；②企业内部关注效应检验，检验结果如表 7-9 和表 7-10 所示。

```
** 机制分析
* == 外部机制:资金成本效应 == *
* 将资金成本 FC 作为被解释变量回归,再将其作为解释变量进行回归
reghdfe FC Gcp Treat $controls, absorb(id Industry prov year) vce(cluster Industry)
est store m1
reghdfe FG FC Gcp Treat $controls, absorb(id Industry prov year) vce(cluster Industry)
est store m2
reghdfe EG FC Gcp Treat $controls, absorb(id Industry prov year) vce(cluster Industry)
est store m3
reghdfe EB FC Gcp Treat $controls, absorb(id Industry prov year) vce(cluster Industry)
est store m4
local model "m1 m2 m3 m4 "
esttab `model' `out', replace nogap compress star( * 0.1 ** 0.05 *** 0.01)   ///
        s(N F R2) b(%6.4f)   se(%6.4f) keep(Gcp FC _cons)
* == 外部机制:融资渠道效应 == *
foreach v of varlist $controls{
        bys id: egen `v'_m = mean(`v')
}
```

```
duplicates drop id, force
stset durat, failure(fail)
streg Gcp Size_m Lev_m ROA_m ROE_m ATO_m Cashflow_m Growth_m, dis(exp) nohr
est store m1
streg Gcp Size_m Lev_m ROA_m ROE_m ATO_m Cashflow_m Growth_m, dis(weibull) nohr
est store m2
streg Gcp Size_m Lev_m ROA_m ROE_m ATO_m Cashflow_m Growth_m, dis
(gompertz) nohr
est store m3
stcox Gcp Size_m Lev_m ROA_m ROE_m ATO_m Cashflow_m Growth_m, nohr efron
est store m4
local model "m1 m2 m3 m4"
esttab `model' `out', replace nogap compress star( * 0.1 ** 0.05 *** 0.01)    ///
        s(N chi2) b(%6.4f)   se(%6.4f)
* == 内部机制:企业内部关注效应 == *
use 内部关注数据.dta, clear
xtpoisson Attention Gcp Treat $controls i.industry i.prov i.year, fe
est store m1
reghdfe FG Attention Gcp Treat $controls, absorb (id Industry prov year) vce (cluster
Industry)
est store m2
reghdfe EG Attention Gcp Treat $controls, absorb (id Industry prov year) vce (cluster
Industry)
est store m3
reghdfe EB Attention Gcp Treat $controls, absorb (id Industry prov year) vce (cluster
Industry)
est store m4
local model "m1 m2 m3 m4"
esttab `model' `out', replacc nogap compress star( * 0.1 ** 0.05 *** 0.01)    ///
        s(N F R2) b(%6.4f) se(%6.4f) drop( *.industryP* .prov* .year)
```

表 7-9　机制检验：融资成本效应和融资渠道效应

PanelA：绿色信贷政策融资成本效应				
变量	(1)	(2)	(3)	(4)
	FC	*FG*	*EG*	*EB*
Gcp	0.0106***	0.0615***	−0.0323***	0.0520***
	(0.0006)	(0.0158)	(0.0155)	(0.0030)

续表

PanelA：绿色信贷政策融资成本效应				
变量	(1)	(2)	(3)	(4)
	FC	FG	EG	EB
FC		0.2982* (0.1648)	−0.1424*** (0.0435)	0.6464*** (0.2608)
观测值	8334	8334	8334	8334
R^2	0.8496	0.4643	0.8587	0.9726
PanelB：绿色信贷政策资金渠道效应				
变量	Exp 模型	Weibull 模型	Gamma 模型	Cox 模型
Gcp	−0.4123*** (0.1658)	−0.5680*** (0.1778)	−0.5254*** (0.1749)	−0.5215*** (0.1710)
Cons	−7.8912*** (0.9520)	−10.1568*** (0.9991)	−9.2866*** (0.9717)	
观测值	806	806	806	806
Chi2	97.6222	134.1885	124.4333	133.1931

注：括号里是 p 统计量值，***、**、*分别表示在1%、5%、10%水平上统计显著。

表 7-10 机制检验：企业环境内部关注效应检验

变量	(1)	(2)	(3)	(4)
	Attention	FG	EG	EB
Gcp	0.0420*** (0.0085)	0.0536*** (0.0045)	−0.0322** (0.0141)	0.0340* (0.0164)
Attention		−0.0006*** (0.0001)	−0.0002 (0.0001)	−0.0009*** (0.0002)
观测值	8334	8334	8334	8334
R^2	−5086.8621	0.9548	0.8594	0.5465

注：括号里是 p 统计量值，***、**、*分别表示在1%、5%、10%水平上统计显著。

延伸阅读

对于会计学的探索，威廉姆·R. 斯科特的《Finanical Accouting Theory》与唐雪松等人编著的《实证研究与计量工具》为我们提供了互补的视角和强大的分析工具。斯科特的财务会计理论构建了会计学科的理论基石；而唐雪松等人的著作则通过实证方法与计量工具，将理论应用于实践，揭示了会计现象背后的经济逻辑。通过学习《Finanical Accouting Theory》第七章经济后果与第八章实证会计理论，以及《实证研究与计量工具》第三章与第四章的具体研究方法，不仅可以帮助我们更深入地理解会计学的精髓，还能指导我们在实践中更加科学地使用会计信息，推动企业和资本市场的健康发展。

主要参考文献

[1] 陈汉文. 对规范会计理论与实证会计理论的思考[J]. 财经研究，1997 (2)：45-49.

[2] 范永武，徐晓阳. 规范会计理论与实证会计理论评述[J]. 当代财经，1997 (11)：40-50.

[3] 冯俊，蔡传里，许家林. 威廉・R. 斯科特的《财务会计理论》[J]. 财会月刊，2005 (28)：52-53.

[4] 冯清铃. 绿色信贷政策对重污染企业前端治理和末端治理的影响研究[D]. 兰州：西北民族大学. 2023.

[5]高斌，张金龙. 绿色信贷政策能够抑制企业的风险承担吗？[J]. 南京审计大学学报，2023(4)：60-69.

[6] 葛家澍，杜兴强. 财务会计理论：演进、继承与可能的研究问题[J]. 会计研究，2009 (12)：14-31，96.

[7] 林波，邱玉莲，朱琴. 论有效市场理论与会计政策选择的经济后果[J]. 科技创业月刊，2007 (8)：144-146.

[8] 斯丽娟，曹昊煜. 绿色信贷政策能够改善企业环境社会责任吗——基于外部约束和内部关注的视角[J]. 中国工业经济，2022 (4)：137-155.

[9] 威廉・R. 斯科特. 财务会计理论[M]. 陈汉文，等译. 北京：机械工业出版社，2000.

[10] 王海，闫卓毓，郭冠宇，等. 数字基础设施政策与企业数字化转型："赋能"还是"负能"？[J]. 数量经济技术经济研究，2023(5)：5-23.

[11] 王海，尹俊雅. 地方产业政策与行业创新发展——来自新能源汽车产业政策文本的经验证据[J]. 财经研究，2021(5)：64-78.

[12] 闫永生，李凌飞，刘慧侠. 资本市场开放与企业高质量发展——基于经济效率和可持续发展视角的检验[J]. 南京审计大学学报，2023(5)：81-90.

[13] 杨松令，刘亭立，石倩倩. 实证会计研究：缘起、发展与思考[J]. 会计研究，2022 (5)：3-16.

[14] 詹新宇，易泉映雪. 政府补助提升企业全要素生产率了吗——基于企业生命周期理论的检验[J]. 工信财经科技，2021 (3)：51-63.

[15] 赵世君. 会计政策及其变更的经济后果[J]. 国际商务研究，2004 (3)：29-34.

[16] 朱凯. IFRS9 实施对可供出售金融资产影响的研究[D]. 成都：西南财经大学，2011.

第八章

经验会计研究项目的实施

本章导读

财会审计案例分析和实证会计，可统称为“经验会计”。经验会计为我们揭示经济现象内在规律提供了独特视角。本章围绕经验会计研究项目这一核心内容，对案例研究和实证会计研究的实施方法进行系统、深入的阐述，帮助读者了解并掌握如何实施经验会计研究项目，并确保其科学性和严谨性，为读者开启一段有益的学术之旅。

第一节，介绍案例研究方法。首先是案例研究方法的基本概述，其次是案例研究方法中研究方案的设计、案例研究数据和资料的收集、案例研究的证据分析以及案例报告的撰写等内容。

第二节，介绍实证会计研究方法。主要围绕模型、数据、程序与报告四个基本环节展开，包括模型选择、数据收集和适配数据集的创建、基于计算机程序和操作命令进行数据加工和分析以及实证会计报告等内容。其中的模型设计是实证会计的关键。

我们将借助Stata及相关操作命令向读者展示实证会计研究方法实施的完整流程。

第一节 案例研究方法

案例研究（case study）作为一种研究方法，应用于诸多领域。个案分析可以使我们深入了解社会、组织、政治、企业等相关领域。案例研究已经成为心理学、社会学、管理学、经济学等相关学科必不可少的工具。那么，什么是案例研究？如何根据研究问题选择案例？如何收集相关案例所需资料？收集完资料又该如何分析?

一、案例研究方法概述

(一)案例研究的内涵

Yin (1994a, EP) 对案例研究的经典定义：案例研究属于经验性研究范畴，主要研究现实生活中的现象。案例研究方法，是一个通过分析具体案例来探究某种现象存在、演变和发展的过程，从而揭示事物发展的规律和本质。

案例研究属于经验性研究范畴，而不是一种纯规范性的研究。案例研究不是回答“应该是什么”的问题，而是着重解决“为什么”及“怎么样”的问题。当需要对现实中某一复杂和具体的问题进行深入和全面思考时，对案例进行深入分析时，对某些现象、事物进行描述和探索时，案例研究这种方法比较合适。

(二)案例研究的基本类型

可以将案例研究进行如下分类：依据案例数量的多寡分为单案例研究和多案例研究；根据案例的内部结构分为整体性案例研究和嵌入式案例研究。

无论是单案例还是多案例，我们可以将其作为一个整体 (holistic) 案例或一个整体案例中嵌入的 (embedded) 子案例。因而，便有了 2×2 矩阵的四种不同类型的案例研究设计，如图 8-1 所示。这些设计连同虚线代表了案例与案例情境之间的模糊边界线。

多案例分析通常比单案例分析更难实施，但可靠的数据会给我们的研究提供更多信心。多案例的选择，与我们界定一系列实验的方法相似——每个案例（实验）都是为了检验研究主题的方方面面。因此，一个普通的多案例设计可能需要两个或两个以上案例，这些案例有目的地测试产生可被复现的 (replicated) 相同结果的条件。另外，多案例还可能包括有目的的对比案例。

二、案例研究方案的设计

(一)研究设计的界定(界定“案例”)

从本质上来说，研究设计就是用我们收集的资料将研究问题与最终结论连接起来的一套逻辑顺序。用通俗的话来说，研究设计是从“这里”到“那里”的逻辑步骤，“这里”指需要回答的一系列问题，“那里”指得出的结论。

(二)研究设计的要素

进行案例研究设计时要特别注意六个要素：①研究的问题；②理论假设；③分析单位；④链接资料与假设的逻辑；⑤解释研究结果的标准。⑥使用和构建理论。

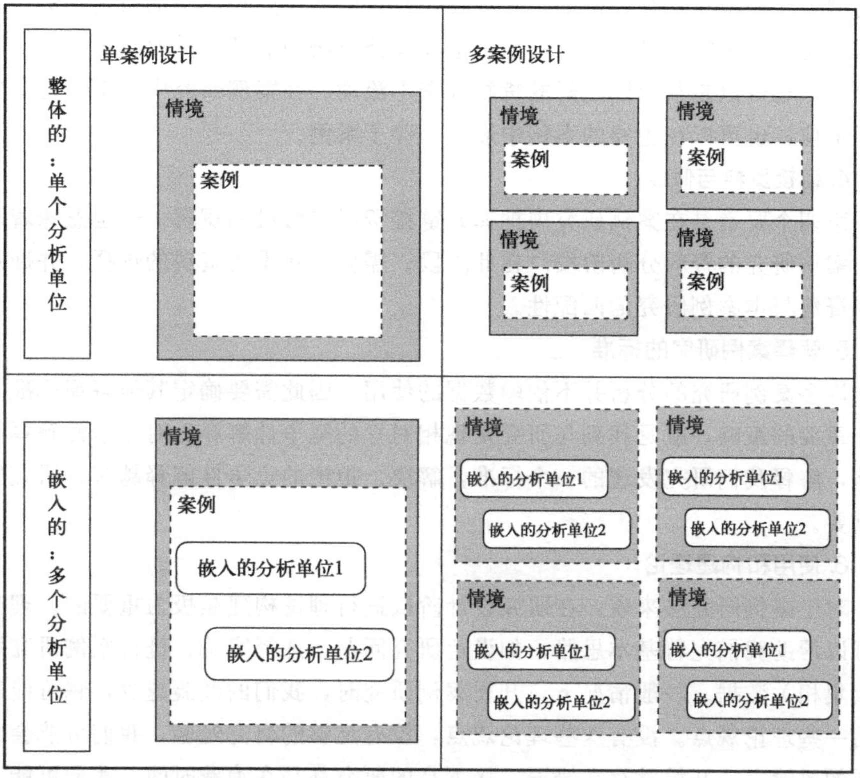

图 8-1　案例研究设计的基本类型

1. 分析所要研究的问题

用三步法来选择研究问题：第一步，检索文献，缩小研究范围，聚焦一个或两个关键话题，不要过多考虑具体的研究问题。第二步，仔细查看甚至剖析所感兴趣话题的已有重要研究。找出这些研究问题，看看它们的结论是否带出了新的问题，是否留下尚未解决的空白问题。这可能会激发我们的思考和想象，从而找到自己的研究问题。第三步，了解相同方向的研究成果，它们可能为我们的研究提供支持，也可能帮助我们确定研究问题。

2. 提出假设

作为案例研究设计的第二个要素，研究假设可以引导我们关注研究范围内的问题。只有当明确提出某种具体的假设后，我们的研究才会有正确的方向。

3. 界定分析单位——“案例”

“案例”一般是有边界的实体（人物、组织、事件等）。但因为在界定分析单位或“个案”时可能会出现混淆和模糊不清，所以建议我们要查阅文献资料或者与同僚讨论。一般的指导原则是，将分析单位（或者个案）的尝试性界定与研究问题的界定联系在一起。例如，假设要研究美国在世界经济中的角色，恰当的个案可以是一个国家的经济，也可以是世界经济市场中的某一产业；可以是某一产业政策，也可以是某两国之间的货物或资本流动。在案例研究中，案例是主要的分析单位，也可以在主要的案例中嵌入一些子案例。

4. 链接资料与假设

第四个要素是在案例研究中把握好链接资料与假设的逻辑。这也意味着马上进入案例研究的资料分析阶段。在此阶段，需要注意重要资料的选择，并确定所选择资料与本案例研究的匹配性。

5. 解释案例研究的标准

许多案例研究的分析并不依赖数据的使用，因此需要确定其他解释标准。有一个重要的策略，就是找到与研究发现相对立的竞争性解释。对竞争性解释的阐述是，解释我们研究发现的一个标准：解决、拒绝的竞争性解释越多，研究发现越重要。

6. 使用和构建理论

对于案例研究法来说，在研究设计阶段进行理论构建是极为重要的。理论构建可以帮助我们完善基本思路，如设定研究问题、选择案例、进行案例研究设计或收集相关数据。一般情况下，开展案例研究时，我们的经验越少，越可能需要运用一些理论观点。没有这些理论观点，没有足够的研究经验，我们可能会面临这样的风险：一开始就存在错误，接下来的研究都是在浪费时间。我们可能很难说服别人案例研究结果对该领域的价值。

三、案例研究数据资料的收集

（一）数据收集的原则

数据收集需要遵循一定的原则，这里介绍 Yin（1994a，EP）提出的三条数据收集原则。

原则 1：使用多种来源的数据，多种来源的数据允许我们对获得的数据进行相互印证。

原则 2：建立案例研究的数据库，对所收集的数据进行整理并记录。

原则 3：建立证据链，要求研究者在研究报告中引用数据库的有关部分，并清晰地显示数据是在什么情况下收集的，以方便外来者能够从最初的研究问题，根据相关资料，一直追踪到最后的研究结论。

（二）六种数据资料来源

1. 文件

文件作为案例研究的资料来源之一，其首要作用是证实或证伪其他来源获取的资料。

2. 档案记录

很多案例研究会使用档案记录，比如：

• 公共事业档案，如美国普查资料或其他联邦政府、州政府和地方政府能够使用的统计数据；

• 服务记录，如关于某一时间段内客户数量的记录；

• 组织记录，如预算或人事记录；

• 关于某地地理特征的地图与图表；

• 调查资料，如已经收集的有关某地员工、居民或参与者的数据。

3. 访谈

访谈关注的是行动性事件，因为行动性事件是研究案例的关键组成部分。但我们往往认为，访谈仅仅是口头陈述，不管陈述的事件是如何发生的，都免不了一些通病，例如存在一些偏见、描述不清或不确切等。所以建议将访谈得到的资料与从其他来源获得的资料结合起来使用。

4. 直接观察

案例研究应在“案例”的自然情景中进行，所以研究者需要创造直接观察的机会。对资料收集活动的观察，如果比较正式，那么观察的结果可作为案例研究设计的一部分，现场操作者可以实地测算某些行为在一定时间内的发生率。如果是非正式的直接观察，可以在实地访问期间穿插进行其他资料的收集。

5. 参与性观察

是观察的一种特殊形式。在参与性观察中，我们不单纯是一个被动的观察者，可能要在现场调查情景中担任不同的角色，并实际参与到研究的行动中。通过参与性观察而收集的信息，可以以局内人的视角进行使用。

6. 实物证据

物理性的实物类证据，在越典型的案例研究中用得越少，但一旦运用，实物证据则会成为整个案例研究的重要组成部分，包括物理或技术装置、工具或仪器、艺术品以及其他实物证据。

四、案例研究的证据分析

（一）三种分析策略

1. 遵循案例研究的理论假设

理论假设是案例研究的初衷和方案设计的基础。先从理论假设出发，可能会帮助研究者提出一系列问题、检索文献，以及提出新的理论与假设。

一般来说，提出理论假设后，研究者通常会据此制定资料收集方案，并选择适宜的证据分析策略。

2. 整合原始资料

与第一个策略完全相反，第二个策略从资料入手，不考虑任何理论假设。有时，研究者会发现一些资料指明了一两个概念。这一发现是分析路径的开端，将引导研究者深入挖掘资料，揭示其他关系。

3. 进行案例描述

这种策略可以单独使用。如果研究者采用前两种策略有难度，也可以选择案例描述策略作为替代策略。换句话说，如果研究者还没有选定最初的一系列研究问题或研究假设（使得研究者不能使用第一种策略），就已经收集到大量的资料，并且还没有从资料中发现任何有用的概念（使得研究者难以利用第二种策略），这种情况下，可以进行案例描述。

（二）两种分析技巧

1. 时序分析

时序分析有多种形式，时序分析模式越复杂，案例研究的结论越精确。

（1）简单的时间序列

时间序列设计的内在逻辑是把资料的趋势与以下两个趋势进行比对：①在调查开始之前就明确的某种理论性趋势；②前期确定的某种相反趋势。例如，在一段时间内，同一单案例研究可能会存在两种不同的假设，这时，我们可以对同一案例做“分段的时间序列”比较。

该逻辑也适合多案例研究，只需给不同的案例设定不同的时间序列模式。例如，有关城市经济发展的案例研究中可能会有这样的理论假设：以制造加工业为基础的城市与以服务业为基础的城市相比，就业趋于劣势。相关的资料可能涵盖一段时间，比如十年内的年度就业数据。如果有合适的数据，我们可以通过统计分析来显示变化趋势。例如，可以计算出不同情况下时间趋势的“斜率”（如学生不同课程的成绩），然后进行比较，查看斜率间的差距是否具有统计学意义。还可以通过断点回归分析，检验某一关键事件发生前后的趋势变化是否存在差异。

（2）复杂的时间序列

某个案例中变量的发展趋势越多变，时间序列的设计也就越复杂。比如，我们不仅可以假定变量的发展趋势是上升的或下降的，也可以假定同一个案例中变量先升后降。

有些研究涉及的不仅仅是一个变量，而是一组变量。每个变量在一定时间内会表现出不同的形式，这种情况会更复杂。这种情况经常出现在嵌入式案例研究中：案例研究可能是某一单案例，但是广泛收集的资料涵盖了一个嵌入型分析单位。尽管时间序列越复杂，资料收集工作会越困难，但发展趋势（或一组趋势）会展现得更具体，分析也更有力。如果预测的时间序列与实际时间序列很复杂，并且相互匹配，那么就能为最初的理论观点提供强有力的资料支持。

2. 逻辑模型

逻辑模型是一定时期内各个事件之间的链条，前一阶段的因变量（事件）会成为下一个阶段的自变量。这些事件能呈现“原因—结果—原因—结果”的重复与循环。逻辑模型分析技术，要求对比实际观察的事件和理论预测的事件。

这里用一个假设事例来说明：学校采取措施，希望提高本校学生在基础教育阶段各类重要考试的成绩。如果学校在每天一小时的课外活动中开展一系列新的教学活动，则会使学生家长关心学生的学习（直接结果）。接下来，学生、家长和教师加深对教育的理解，提高了学校教育的满意度（中间结果）。最后，随着练习的持续开展和满意度的提高，学生会更好地掌握某些概念，提高学业成绩（最终结果）。整个例子主要（仅仅）通过分析学校改革和学生高分成绩之间的关系，说明逻辑模型如何帮助解释最终结果，并且优于一般的实验设计。

五、撰写案例研究报告

撰写案例研究报告是案例研究中最有价值的环节之一。案例研究报告包括文本和非文本两种形式。常见的非文本形式有表、图、图表、绘图及其他图表形式。

（一）案例研究报告的书面格式

案例研究报告有多种书面形式，其中有些与其他研究方法的报告类似。案例研究报告的格式如下。

1. 单案例研究报告

第一种是经典的单案例研究报告，有表格、图表和图片等说明形式，用一篇文章描述和分析一个个案。当案例研究达到一定的深度，这种典型的单案例研究报告可能以书籍形式出版。

2. 多案例研究报告

第二种报告格式是包含经典单案例的多案例版本，通常用独立的章节来描述每一个案例。除了对每个案例单独叙述外，报告还用一个章节进行综合分析，并得出结论。另一种常见的形式是跨案例材料占据整个报告的大部分（尤其适合期刊文章长度的报告），将每个个案放在一组附录中（或者在附录中单独分开呈现）。

3. 适合单案例或多案例的研究报告

第三种书面格式既可以是多案例研究，也可以是单案例研究，但不包含传统陈述手法。每个案例的报告要按照一系列问题与答案来编写，以案例研究资料库的问题和答案为依据。考虑到报告的目的和可读性，资料库的内容应被压缩和改编。相应地，最终成果采用研究报告的形式。

（二）撰写案例研究报告的步骤

1. 何时以及如何撰写报告

应在研究初期阶段开始撰写案例研究报告。因为案例研究报告的编写没有任何现成的模式可以参考，作者可以自由地创作。因此，开始写作永远不会过早。

如果需要加入新的资料，可以进一步修改完善初期的文献目录。如果已经阅读了相关研究，参考文献的大致内容总体上就已经确定了。这时可以将参考文献的形式正式化，确保文献的完整性，初步形成文献目录草稿。如果有些引用的资料不完整，可以根据案例研究部分的展开而补充齐全。

2. 案例的性质：真实的还是匿名的

每个案例都允许研究者选择匿名处理方式。在遵守规定前提下，公开案例和其中人员的身份，是最理想的选择。这样整个案例变得更明了易懂，阅读者可以查阅脚注和引用，同时也便于他们对已发表的案例材料做出恰当的评论。

但是，在某些情况下必须采用匿名方式。例如，争议性议题的案例研究，匿名可以保护案例对象和参与者。匿名的另一个原因是，最终案例报告的发行可能会影响研究对象未来的行为。

3. 案例研究报告初稿的检查：确认程序

撰写案例研究报告的第三个步骤和研究的整体质量有关。可以通过让别人评阅报告初稿来实现，不应仅由同行评阅（这和所有研究报告初稿的评阅一样），案例的参与者和信息提供者也应该参与评阅。如果他们的评语特别有帮助，研究者可以将其作为整个案例研究报告的组成部分展示出来。这个过程所做的更正工作将提高案例研究的准确性，从而增加研究的建构效度。

第二节　实证会计研究方法

实证会计研究主要包括模型、数据、程序与报告四个基本环节。

实证会计模型是实证会计研究的关键，可以分为分析模型与因果模型两类，前者侧重阐述会计问题的性质与演化过程，后者是会计现象或事件之间具体因果联系的定量刻画。

实证会计模型确定后，就要收集、整理和加工数据，然后创建与选题与模型适配的实证会计数据集。

考虑科学、效率与人文关怀的优势，对于实证会计数据集的创建与维护，强烈推荐基于计算机的程序操作方式，比如 Stata 的 do 文件工作方式，且不宜过分依赖菜单甚至交互命令行工作方式。

规范的实证会计报告需要充分发挥上述程序的功能，比如 Stata 拥有的高效而精准的“自动制表”功能，力戒手工“染指”。

以上四个环节环环相扣，构成实证会计论文写作不可分割的有机统一体。

一、实证会计的模型

基于沪深 A 股上市公司的数据，通过 Stata 运行理查德森（Richardson，2006）的非效率投资残差模型，并根据更新的数据对 2010 ～ 2022 年度我国上市公司投资过度与不足状况进行描述性统计分析。

```
/******** 企业非效率投资:2010～2022 年度***********/
*注:该文使用 Richardson(2006)的预期投资模型回归残差测度企业投资效率
*incash:处置固定资产、无形资产和其他长期资产收回的现金净额; out1:购建固定资产、无形资产和其他长期资产支付的现金 out2:投资时现金支付
*d4:固定资产折旧、油气资产折耗、生产性生物资产折旧+无形资产摊销+长期待摊费用摊销
*return:企业二级市场的股票回报率(此处股票回报率指的是现金股利再投资的年个股回报率); listdt:对 IPO 上市年份到上年末的总计年数求取自然对数
*cash1:货币资金; ta:年末总资产; income:营业收入; lev:资产负债率
*Q1:市值 A/资产总计
*state:虚拟变量,企业控制权为国有时为 1,否则为 0
capt prog drop _all //清除 Stata 内存
prog ie //定义一个名为“ie”的 do 文件
set more off //设置程序运行结果的自动翻屏
clear
cd "D:\会计研究方法\我的 Stata 代码\非效率投资\myie " //指定当前工作路径

forvalues i = 1/7{ //构建一个循环任务
  import excel 投资效率理查德森原始数据, sheet("Sheet`i'") first clear //调入外部文件
  save d`i', replace //保存生成的数据,命名为 d`i'
}
foreach i of numlist 1/2 5{   //进入循环,注意这里 i 限于 1 2 5
  use d`i', clear   //调入之前保存的数据 d`i'
  gen yr = substr(date, 1, 4) //生成年份变量 yr
  gen int year = real(yr) //利用 yr 生成数值型年份变量 year
  drop date yr //删除变量 date 和 yr
```

```
    label var year "year" //标签年份变量
    sort stkcd year //升序排列变量
    order stkcd year   //排序变量列表
    save d`i', replace //保存并替换
    }
  use d3, clear //调入 d3. dta
  gen int yr = real(year)   //生成数值型年份变量 yr
  drop year //删除变量 year
  rename yr year //变量更名
  save d3, replace //保存并替换
  use d4, clear   //调入 d4. dta
  gen int listyear = real(substr(listdt, 1, 4))   //生成数值型年份变量 listyear
  g industry=cond(substr(code,1,1)=="C",substr(code,1,2),substr(code,1,1)) //生成
行业控制变量 industry
  drop listdt //删除变量 listdt
  sort stkcd   //升序排列变量
  save d4, replace //保存并替换
  use d7, clear   //调入数据集 d7. dta

  sort stkcd year   //升序排列变量
  order stkcd year   //排序变量列表
  save d7, replace      //保存并替换
  use d3, clear   //调入数据集 d3. dta
  sort stkcd year   //升序排列变量
  save d3, replace //保存并替换
  use d6, clear   //调入数据集 d6. dta
  sort stkcd year //升序排列变量
  save d6, replace   //保存并替换
  foreach k of numlist 1/3 5/7{   //进入循环 注意这里 k 只限于 1 3 5 7
      use d`k', clear   //调入之前数据 d`k'
    format year %9.0g //定义变量 year 格式:宽度为 9 的一般存储格式
    save d`k', replace      //保存并替换
  }
  use d3,clear //调入数据集 d3. dta

  use d1, clear //调入数据集 d1. dta
  foreach j of numlist 2/3 5/7{ //进入循环 注意这里 j 只限于 2 3 5 7
```

```
        merge m:m stkcd year using d`j' //基于识别变量 stkcd 与 year 的数据集多对多横向匹配
        drop _merge //删除内存数据集变量_merge
    }

    merge m:1 stkcd using d4 //基于识别变量 stkcd 的数据集多对一横向匹配
    rename E incash   //变量更名
    global v cash1 ta lev income incash out1 out2 d4   //定义一个名为 v 的全局宏
    foreach x of varlist $v{   //进入循环
        replace `x'=0 if `x'>=. //将缺失值替换成 0
    }
    sort stkcd year   //升序排列变量
    encode stkcd,gen(id)   //将 stkcd 转成数值型并命名为 id
    xtset id year   //定义面板数据
    g invest=(out1+out2-incash-d4)/L.ta   //计算新增投资
    g investp1=F.invest   //前置新增投资,即 t+1 期
    g salegrth=(income-L.income)/L.income   //生成销售收入增长率变量
    g age=year-listyear   //生成上市年限变量
    g cash=cash1/ta   //生成现金存量变量
    g size=log(ta) //生成企业规模变量
    drop if industry=="I"   //删除行业为 I 的数据
    global v investp1 Q1 lev cash age size return invest salegrth //定义一个名为 v 的全局宏
    foreach x of varlist $v{ //进入循环
      drop if `x' >= . //删除缺失值
      winsor2 `x', replace c(1 99) //在变量 1%和 99%分位数处进行缩尾
    }
    encode industry,gen(CODE) //将 industry 转成数值型并更名为 CODE
    sort stkcd year   //升序排列变量
    save regdata_ie, replace   //保存数据
reg investp1 Q1 lev cash age size return invest salegrth state i.year i.CODE, r   //OLS 回归
est store m1 //保存回归结果
    predict 残差, resid   //生成残差
    reg investp1 Q1 lev cash age size return invest salegrth state i.year i.CODE, r beta nocon //
无截距项回归
    est store m2   //将回归结果储存
    predict 残差 1, resid //生成残差
    destring stkcd,replace //将变量 stkcd 转成数值型
    xtset stkcd year //定义面板数据
```

```
xtreg  investp1 Q1 lev cash age size return invest salegrth state i. year i. CODE, fe r  //面板固定效应模型回归
est store m3 //将回归结果储存
predict 残差 2, resid //生成残差
estimates table m1 m2 m3, b(%7.4f) star(0.1 0.05 0.01) stats(N r2_a) //列示回归系数结果
drop if 残差>= .  //删除缺失值
drop if 残差 1>= .  //删除缺失值
drop if 残差 2>= .  //删除缺失值
tab year //生成年份联列表
save ie2010_2022, replace //将内存数据集保存为 dta 格式
export excel ie2010_2022, sheet("ie2010_2022") first(var) replace //将内存数据集保存为xls 格式
end //声明 do 文件编辑结束
ie //自动执行调入 ie. do 文件
```

我们对全样本进行了 OLS 多元线性回归与面板固定效应模型回归，具体结果如表 8-1 所示。从回归结果来看，用 Richardson 的残差模型度量投资效率时，股票投资回报率与投资规模的回归系数为 0.028，在 1%水平上显著正相关，即企业的投资回报率越高，预期投资规模越大；企业的销售增长率与未来投资规模在 10%水平上呈正相关，这说明企业当年销售增长所带来的充盈现金流为将来的投资打下了坚实基础。而企业的资产负债率、现金的存量以及上市公司年限对企业预期投资规模具有明显的负向作用。此外，企业的规模和产权性质对预期投资规模影响不大。列（2）无截距 OLS 回归拟合优度为 0.256，回归方程具有适度的拟合优度。同时增添控制公司个体层面使得回归结果更加稳健。因此，以残差度量投资效率（投资规模的合适性）具有一定的科学性。

表 8-1　基于 Richardson 模型的回归结果

变量	(1)	(2)	(3)
	OLS	OLS _ ni	OLS _ fe
Q1	0.009** (2.33)	0.009*** (2.72)	−0.001 (−0.11)
lev	−0.020*** (−8.61)	−0.020*** (−8.89)	−0.020*** (−4.34)
cash	−0.005*** (−4.17)	−0.005*** (−4.44)	−0.010*** (−6.67)

续表

变量	(1)	(2)	(3)
	OLS	OLS _ ni	OLS _ fe
age	−0.003*** (−5.92)	−0.003*** (−6.13)	−0.030** (−2.02)
size	−0.002 (−0.70)	−0.001 (−0.65)	−0.090*** (−9.49)
return	0.028*** (4.15)	0.027*** (4.10)	0.026*** (3.81)
invest	0.376*** (31.47)	0.376*** (31.48)	0.241*** (15.93)
salegrth	0.013* (1.85)	0.013* (1.84)	0.032*** (3.99)
state	−0.010 (−1.41)	−0.010 (−1.44)	−0.059** (−2.56)
_ cons	0.021 (0.26)		1.662*** (8.41)
year	是	是	是
CODE	是	是	是
N	30461	30461	30461
adj. R^2	0.218	0.256	0.114

注：括号里是 t 统计量值，***、**、*分别表示在1%、5%、10%水平上统计显著。

二、实证会计的数据挖掘

（一）实证会计数据挖掘的价值与意义

实证会计是研究人员基于会计数据“推陈出新”的创造性活动。其中的数据挖掘是探索数据潜在规律、发挥实证会计功效的“硬核”。

显然，会计行为活动的作用因素及其之于环境、社会与治理（ESG）后果的各类规律本身不会“自动”呈现，这就需要研究人员抽丝剥茧、由表及里，利用科学的会计数据挖掘技术主动作为，其目标是揭开复杂烦冗数据流背后的会计价值相关性与因果规律。相关性借助大数据可以预测，因果规律明确了会计行为活动内在的逻辑及其中间的作用机制，实证会计的数据挖掘也因此被赋予了资产创造活动的特征。

（二）实证会计数据挖掘的路径与工具

实证会计数据挖掘的路径可概括为以下三类。

1. 数据获取

数据获取的首要原则是“质量第一”，其次才是成本效益原则的权衡。鉴于实证会计结果与结论的“关系”重大，且这种结果与结论是直接基于数据的分析，因此这里质量第一的原则自然占优。

2. 数据集创建与保存

每一个实证会计选题都应当创建一个适配的专有数据集，并采取合理、安全的存储介质与方式（如移动硬盘、云备份等）予以保存，以便进一步深加工、后续更新及数据交流与互换。这也是数据资产的本质属性所要求的。

3. 数据交换

交换产生价值，实证会计的数据资产也不例外。数据资产作为实证会计数据挖掘的成果，通过数据市场的交换活动能够带来价值增值。比如，实证会计手工收集、整理而成的或基于国内外认可模型开发的数据集，这类无形资产的交换价值需要开发人员采用“加密”技术等保护措施。

三、实证会计的程序编写

上述内容讨论了实证会计的数据挖掘，我们推荐 Stata 作为实证会计数据挖掘的工具。关于 Stata 程序文件大类及其 do 类文件编写的技术细节，相信大家已经不再陌生！本节直观展示 ado、do 类程序及其帮助文件的文本。

（一） ado 类程序文件的编写

以下是 ols2017. ado 文件的文本。

```
* version 4.0 7oct2017
*! Matrix demonstration: an improved ols program
*! Added new features include: byable, time series operator
program ols2017, eclass byable(recall)
version 8.0
syntax varlist(min=1 numeric ts) [if] [in] [,Level(integer $S_level)]
marksample touse
tokenize "`varlist'"
tempname crossYX crossX crossY b hat V
quietly matrix accum `crossYX' = `varlist' if `touse'
local nobs = r(N)
local df = `nobs'-(rowsof(`crossYX')-1)
matrix `crossX' = `crossYX'[2..., 2...]
```

```
matrix `crossY' = `crossYX'[2... , 1]
matrix `b' = (syminv(`crossX') * `crossY')'
matrix `hat' = `b' * `crossY'
matrix `V' = syminv(`crossX') * (`crossYX'[1,1]-`hat'[1,1])/`df'
ereturn post `b' `V', dof(`df') obs(`nobs') depname(`1') ///
esample(`touse')
ereturn local depvar "`1'" ereturn local cmd "ols2017"
if `level' < 10 | `level' > 99{
display as error " level( ) must be between 10 and 99 inclusive. "
error 198
}
ereturn display, level(`level')
end
```

（二） do类程序文件的编写

以下是 Myols. do 文件的文本。

```
capture prog drop _all
program Myols
version 16. 0
set more off
cd "F:\《会计研究方法》《数量分析方法》课程教学材料"
use states. dta, clear
describe state csat expense percent income high college region
ols2017 csat expense percent income high college
ereturn list
display e(N)
matlist e(b)
matlist e(V)
regress csat expense percent income high college, beta
predict yhat
label variable yhat "Predicted mean SAT score"
predict e, resid
label variable e "Residual"
#delimit ;
graph twoway lfit csat percent
|| scatter csat percent
|| , ytitle("Mean composite SAT score") legend(off)
```

```
saving(fig2022_04_17.gph, replace) ;
graph export fig2022_04_17.eps, replace ;
#delimit cr
end
Myols
```

图 8-2 是上述文件拟合的简单回归线及叠并的散点图。

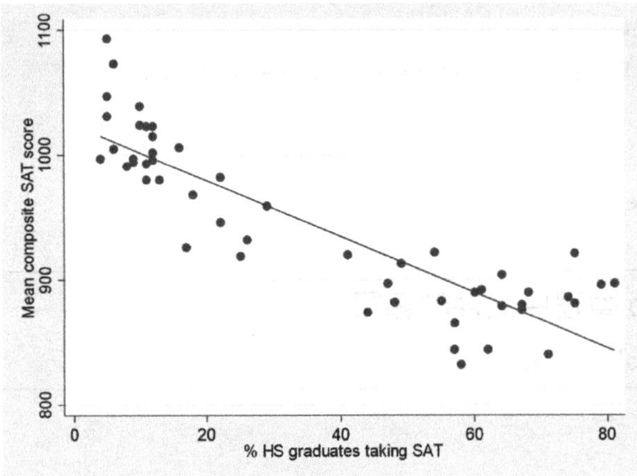

图 8-2 回归的基本图形

（三）程序帮助文件的编写

以下为 regress.sthlp 帮助文件 SMCL（Stata Markup and Control Language）文本的部分摘录。

```
{vieweralsosee """--"}{…}
{vieweralsosee "[R] anova" "help anova"}{…}
{vieweralsosee "[BAYES] bayes: regress" "help bayes regress"}{…}
{vieweralsosee "[R] contrast" "help contrast"}{…}
{vieweralsosee "[MI] Estimation" "help mi estimation"}{…}
{findalias assemreg}{…}
{vieweralsosee "[FMM] fmm: regress" "help fmm regress"}{…}
{vieweralsosee "[TS] forecast" "help forecast"}{…}
{vieweralsosee "[R] hetregress" "help hetregress"}{…}
{vieweralsosee "[SEM] Intro 5" "mansection SEM Intro5"}{…}
{vieweralsosee "[LASSO] Lasso intro" "help lasso intro"}{…}
{vieweralsosee "[META] meta regress" "help meta_regress"}{…}
{vieweralsosee "[TS] mswitch" "help mswitch"}{…}
```

```
{vieweralsosee "[SP] spregress" "help spregress"}{...}
{vieweralsosee "[SVY] svy estimation" "help svy estimation"}{...}{viewerjumpto "Syntax" "
regress##syntax"}{...}
{viewerjumpto "Menu" "regress##menu"}{...}
{viewerjumpto "Description" "regress##description"}{...}
{viewerjumpto "Links to PDF documentation" "regress##linkspdf"}{...}
{viewerjumpto "Options" "regress##options"}{...}
{viewerjumpto "Examples" "regress##examples"}{...}
{viewerjumpto "Video example" "regress##video"}{...}
{viewerjumpto "Stored results" "regress##results"}{...}
{viewerjumpto "References" "regress##references"}{...}
{p2colset1 16 18 2}{...}
{p2col:{bf:[R] regress} {hline 2}}Linear regression{p_end}
{p2col:}({mansection R regress:View complete PDF manual entry}){p_end}
{p2colreset}{...}
{marker syntax}{...}
{title:Syntax}
{p8 16 2}
{opt regress} {depvar} [{indepvars}] {ifin}
[{it:{help regress##weight:weight}}]
[{cmd:,} {it:options}]
............
............
{marker references}{...}
{title:References}
{marker AP2009}{...}
{phang}
Angrist, J. D., and J.-S. Pischke. 2009.
{browse "http://www.stata.com/bookstore/mhe.html":{it:Mostly Harmless Econometrics:
An Empiricist's Companion}.}
Princeton, NJ: Princeton University Press.
{marker DM1993}{...}
{phang}
Davidson, R., and J. G. MacKinnon. 1993.
{browse "http://www.stata.com/bookstore/eie.html":{it:Estimation and Inference in
Econometrics}.}
```

```
New York: Oxford University Press.
{p_end}
```

在 Stata 命令窗口输入“help regress”即可得到这一 regress 帮助文件的具体内容，见图 8-3 与图 8-4。

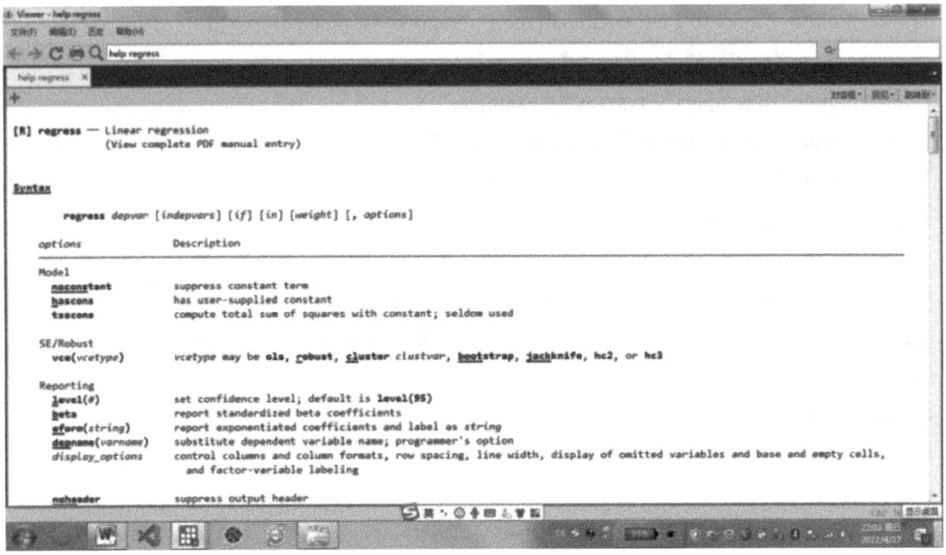

图 8-3　SMCL 编写的 Stata 帮助文件：前半部分

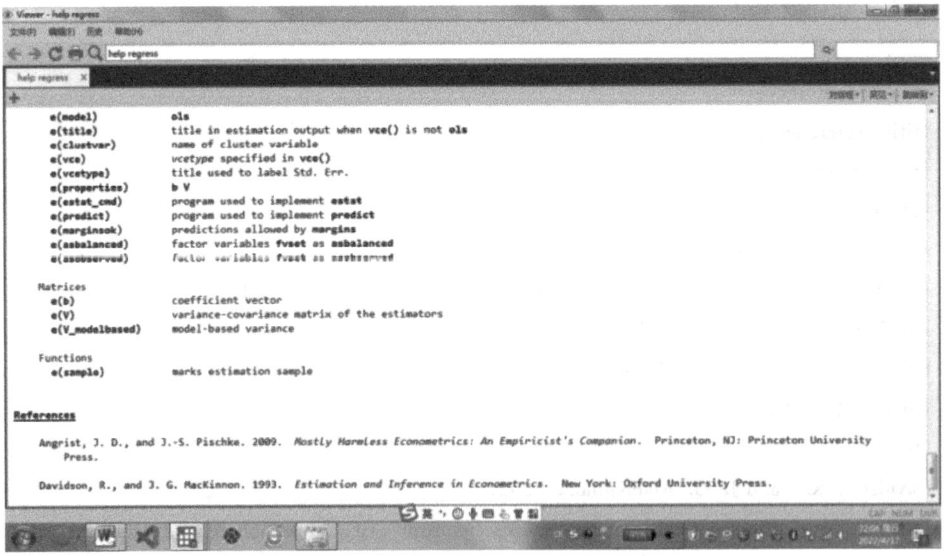

图 8-4　SMCL 编写的 Stata 帮助文件：后半部分

四、实证会计的报告

实证会计研究历经“模型、数据、程序”的“淬炼”与“洗礼”，最后是“报告”环节。

实证会计的报告内容包括描述性统计表、相关系数表、变量组间差异检验表、主回归检验表、进一步分析检验表、中介检验表、稳健性检验（含内生性）表等表格，以及直观的图形展示。针对各类表、图，Stata 有完善的“自动制表（图）”功能，比如 asdoc. ado。

在 Stata 命令窗口输入“help asdoc”命令，即可快速获得 asdoc 自动制表语法“说明书”。

asdoc-An easy way of creating publication quality tables from Stata commands

Syntax

[bysort varname:] asdoc Stata _ Commands, [Stata _ command _ options asdoc _ options] DESCRIPTION

asdoc sends Stata output to Word / RTF format. asdoc creates high-quality, publication-ready tables from various Stata commands such as summarize, correlate, pwcorr, tab1, tab2, tabulate1, tabulate2, tabstat, ttest, regress, table, amean, proportions, means, and many more. Using asdoc is pretty easy. We need to just add asdoc as a prefix to Stata commands. asdoc has several built-in routines for dedicated calculations and making nicely formatted tables. In-text citation style : You can mention the following in the footnotes with tables generated by asdoc:

These tables were created with asdoc program, written by Shah (2018).

Bibliography citation style :

Shah, A. (2018). "asdoc: Create high-quality tables in MS Word from Stata output"

在 Stata 命令窗口依次输入以下命令，即可“自动”输出 OLS 回归结果表(参见 Table1).

```
sysuse auto
asdoc reg price mpg rep78, wide stars t(below) stat(N rmse r2_a) title(Table1
Regression results) replace
```

Table1　Regression results

Vars	mpg	rep78	_cons	R2	N	RMSE	Adj. R2
price	−271.643***	666.957*	9657.754***	0.251	69	2558.536	0.228
t-value	(−4.702)	(1.948)	(7.172)				

以上的回归结果展示了 Stata 自动制表功能，可以帮助我们实现和获得规范的实证分析报告。

延伸阅读

Causality redux: The evolution of empirical methods in accounting research and the growth of quasi-experiments.

This paper reviews the empirical methods used in the accounting literature to draw causal inferences. Recent years have seen a burgeoning growth in the use of methods that seek to exploit as-if random variation in observational settings—i. e. , " quasi-experiments. " We provide a synthesis of the major assumptions of these methods, discuss several practical considerations relevant to the application of these methods in the accounting literature.
Also provide a framework for thinking about whether and when quasi-experimental and non-experimental methods are well-suited for addressing causal questions of interest to accounting researchers. While there is growing interest in addressing causal questions within the literature.

- This paper reviews the empirical methods used in the accounting literature.
- We provide a framework for thinking about quasi-experimental and non-experimental methods.
- We caution against restricting attention to only those questions for which there are quasi-experiment.

主要参考文献

[1] 樊振佳，杨丽娟，齐婉莹．案例研究方法在图书情报领域的应用与反思[J]．图书情报工作，2024(11)：14-28.

[2] 龚凤乾．统计检验：实证会计研究方法的核心[J]．现代财经：天津财经学院学报，2003(2)：48-51.

[3] 黄海玉．对规范与实证会计研究方法的思考[J]．四川会计，2002(9)：32-33.

[4] 李亮，刘洋，冯永春．管理案例研究：方法与应用[M]．北京：北京大学出版社，2020.

[5] 马玉龙，魏署光．案例研究方法在院校研究中的应用特征及规范[J]．高教发展与评估，2024(1)：36-46，121.

[6] 陶蕾花．实证会计研究方法与方法论的基础[J]．营销界，2019 (52)：210-211.

[7] 唐权．混合案例研究方法的应用困境与应对策略[J]．科学与社会，2022(2)：79-96，136.

[8] 王梦浛，方卫华．案例研究方法及其在管理学领域的应用[J]．科技进步与对策，2019 (5)：33-39.

[9] 吴娟．案例研究方法及其在业财融合实践领域的运用[J]．开封大学学报，2023(1)：23-29.

[10] 罗伯特·K. 殷(Robert K. Yin)．案例研究方法的应用[M]．周海涛，等译．重庆：重庆大学出版社，2004.

[11] 于珊．实证会计研究方法[J]．中外企业家，2015 (18)：40.

[12] 张杰．规则提炼与事实比对：指导性案例应用方法研究[J]．法律科学(西北政法大学学报)，2023(6)：70-79.

[13] Armstrong，Christopher；Kepler，John D；Samuels，Delphine；Taylor，Daniel. Causality redux：The Evolution of Empirical Methods in Accounting Research and the Growth of Quasi-Experiments[J]. Journal of Accounting & Economics，2022，74(2)：101-521.

[14] Cassell，Catherine. The Role and Status of Qualitative Methods in Management Research：An

Empirical Account[J]. Management Decision，2006，44(2)：290-303.

[15] Michael B Potter，Saji Mansur，Shira P Rutman. Is Team Svalued in the Academic Promotions Process? A Mixed-methods Case Study[J]. Journal of Clinical and Translational Science，2024，8 (1):28.

[16] Martin Quinn; Brid Murphy. Accounting History in a Digital Age：Empirical Experiences，Improving Methods and Unlocking New Research Avenues[J]. Accounting History，2023.

[17] Pablo Segarra，Jose A，Sanchidrian. A Method for Reconstruction of Size Distributions from 3D Drone Image Analysis：A Case Study[J]. Rock Mechanics and Rock Engineering，2024，57(5)：1-18.

[18] Mieszko Tałasiewicz. The Method of Cases：A Case Study[J]. Filozofia Nauki，2021，29(2)：115-131.

附录

Stata在实证会计中的应用

本部分以股价崩盘风险指标计算为例，演示 Stata 在实证会计中的应用。

一、横截面数据

（一）数据准备

选择沪深 A 股 2022 年的周收益率数据，演示股价崩盘风险指标计算的 Stata 实现，见附图 1、附图 2。

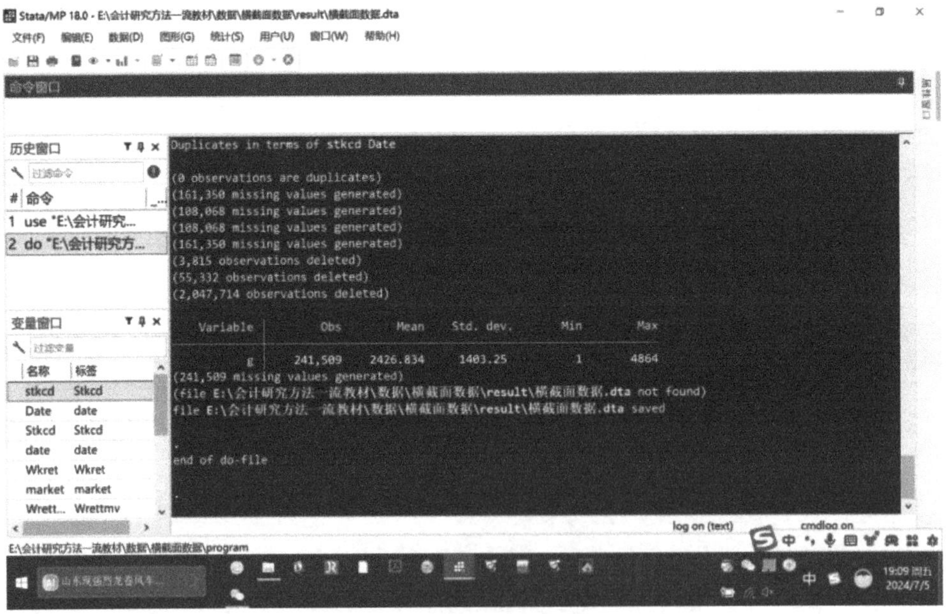

附图 1　横截面数据集创建

（二）编写程序

为了计算股价崩盘风险，我们编写了 2 个 do 文件，分别是 crash _ risk _ cs. do 和股价崩盘风险. do。

附图2　股价崩盘风险指标回归：横截面数据

1. crash_ risk_ cs. do

```
capture prog drop _all
prog crash_risk_cs
    version 18. 0
    set more off
    local result "E:\会计研究方法一流教材\数据\横截面数据\result"
    cd "E:\会计研究方法一流教材\数据\横截面数据\program"

**** 合并 3 张个股收益率 Excel 表单
    forvalues i=1/3{
    import excel return. xlsx, sheet("Sheet`i'") firstrow clear
    save `result'\d`i'. dta, replace
}
    append using `result'\d1
    append using `result'\d2
    sort Stkcd date
    save `result'\个股收益率, replace

**** 调入市场收益率数据
    import excel return. xlsx, sheet("Sheet4") firstrow clear
    keep if market == 1 | market == 4
    save `result'\市场收益率, replace
```

```
**** 合并个股与市场回报率
    use `result'\个股收益率, clear
    merge m:m date using `result'\市场收益率, force
    drop _merge
    save `result'\崩盘模型数据集.dta, replace

**** 准备工作
    use `result'\崩盘模型数据集.dta, clear
    destring date, gen(Date) ignore("-")
    destring Stkcd, gen(stkcd)
    order stkcd Date
    sort stkcd Date
    xtset stkcd Date

**** 删除重复值
    duplicates drop stkcd Date, force
**** 生成滞后项和前导项
    gen lag2_Wrettmv = L2.Wrettmv
    gen lag1_Wrettmv = L1.Wrettmv
    gen fwd1_Wrettmv = F1.Wrettmv
    gen fwd2_Wrettmv = F2.Wrettmv
    drop if Wkret == .
    gen year = real(substr(date,1,4))
    bysort stkcd year:egen n = count(year)
    drop if n < 30          //删除交易周数不足 30 的样本

* 首先生成横截面数据集
    keep if year == 2022
    egen g = group(stkcd)        //按股票代码进行分组
    sum g
    g e = .        //生成新变量 e,用于储存分组回归的残差
    save `result'\横截面数据.dta , replace
end
crash_risk_cs
```

2. 股价崩盘风险. do

```
capture prog drop _all
prog 股价崩盘风险
    version 18.0
    set more off
    local result "E:\会计研究方法一流教材\数据\横截面数据\result"
    cd "E:\会计研究方法一流教材\数据\横截面数据\result"

**** 计算个股周持有收益率
**** 以下程序中的 4864 为组数,按股票代码进行分组回归
    use 横截面数据.dta, clear
    forv g = 1/4864{
        qui reg Wkret lag2_Wrettmv lag1_Wrettmv Wrettmv         ///
                fwd1_Wrettmv fwd2_Wrettmv if g == `g'
        predict rs if e(sample), residual
        replace e = rs if e(sample)
        drop rs
}
    gen w = ln(1+e)
    save `result'\crashrisk, replace

**** 计算负收益偏态系数(NCSKEW)
    use `result'\crashrisk, clear
    bys stkcd:egen sum_w3 = sum(w^3)
    bys stkcd:egen sum_w2 = sum(w^2)
    gen NCSKEW = -[n*(n-1)^(3/2)*sum_w3]/[(n-1)*(n-2)*(sum_w2)^(3/2)]
    sum NCSKEW
**** 计算收益上下波动比率(DUVOL)
    bysort stkcd:egen w_mean = mean(w)
    gen w_delt = w - w_mean
    gen up = 1 if w_delt > 0
    replace up = 0 if w == .
    gen down = 1 if w_delt < 0
    replace down = 0 if w == .
    bysort stkcd:egen n_up = sum(up)
    bysort stkcd:egen n_down = sum(down)
    gen w_down = 0
```

```
    replace w_down = w if down == 1
    gen w_up = 0
    replace w_up = w if up == 1
    bysort stkcd:egen sum_w_down2 = sum(w_down^2)
    bysort stkcd:egen sum_w_up2 = sum(w_up^2)
    gen DUVOL = ln([(n_up-1) * (sum_w_down2)]/[(n_down-1) * (sum_w_up2)])
    sum DUVOL

**** 保存股价崩盘风险数据
    duplicates drop stkcd, force
    drop Wkret Wrettmv lag1_Wrettmv lag2_Wrettmv fwd1_Wrettmv fwd2_Wrettmv   ///
        n e w sum_w3 sum_w2 w_mean w_delt n_up n_down w_down w_up sum_w_down2   ///
    sum_w_up2 g up down date Date
    save `result'\股价崩盘风险数据.dta, replace
    export excel `result'\股价崩盘风险数据.xlsx, /*
        */ sheet("crash_risk") first(var) replace
end
股价崩盘风险
```

（三）结果报告

以上 2 个 do 文件运行后，可以得到沪深 A 股市场 2022 年度股价崩盘风险数据集，见附图 3。

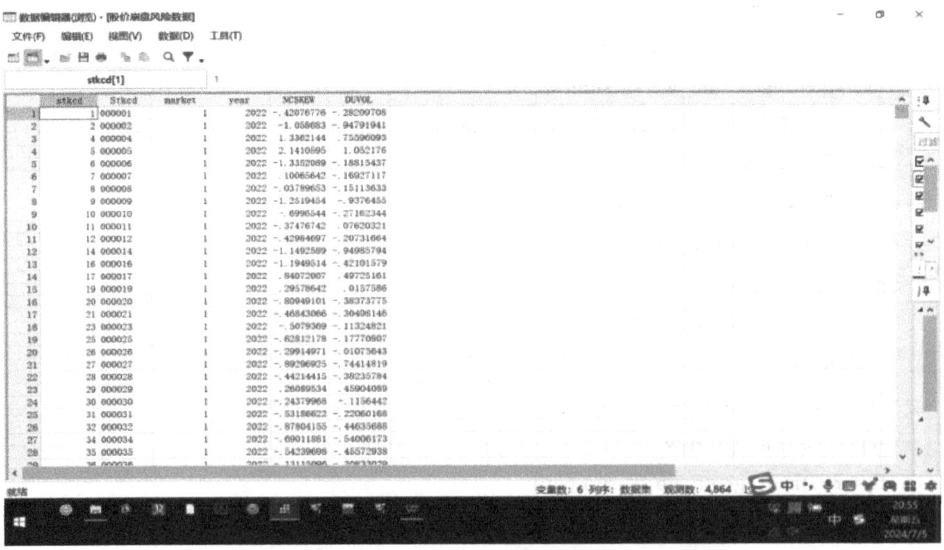

附图 3　股价崩盘风险指标数据集

二、时间序列数据

（一）数据准备

基于数据集“横截面数据. dta”生成时间序列数据集。这里选用××股份2022年度周收益率数据，演示时间序列数据的回归过程。

（二）编写程序

为了计算股价崩盘风险，我们编写了 do 文件时间序列回归. do。

```
capture prog drop _all
prog 时间序列回归
    version 18.0
    set more off
    local result "E:\会计研究方法一流教材\数据\时间序列数据\result"
    cd "E:\会计研究方法一流教材\数据\时间序列数据\program"

**** 生成时间序列数据集
    use 横截面数据. dta, clear
    keep if stkcd == 600808

**** 时间序列数据回归
    reg Wkret lag2_Wrettmv lag1_Wrettmv Wrettmv fwd1_Wrettmv fwd2_Wrettmv
    predict rs if e(sample), residual
    replace e = rs if e(sample)
    drop rs

**** 生成周个股收益率
    gen w = ln(1+e)
    save `result'\crashrisk, replace

**** 计算负收益偏态系数(NCSKEW)
    use `result'\crashrisk. dta, clear
    bys stkcd:egen sum_w3 = sum(w^3)
    bys stkcd:egen sum_w2 = sum(w^2)
    gen NCSKEW = -[n * (n-1)^(3/2) * sum_w3]/[(n-1) * (n-2) * (sum_w2)^(3/2)]
    sum NCSKEW
```

```
**** 计算收益上下波动比率(DUVOL)
    bysort stkcd:egen w_mean = mean(w)
    gen w_delt = w-w_mean
    gen up = 1 if w_delt > 0
    replace up = 0 if w == .
    gen down = 1 if w_delt < 0
    replace down = 0 if w == .
    bysort stkcd:egen n_up = sum(up)
    bysort stkcd:egen n_down = sum(down)
    gen w_down = 0
    replace w_down = w if down == 1
    gen w_up = 0
    replace w_up = w if up == 1
    bysort stkcd:egen sum_w_down2 = sum(w_down^2)
    bysort stkcd:egen sum_w_up2 = sum(w_up^2)
    gen DUVOL = ln([(n_up-1) * (sum_w_down2)]/[(n_down-1) * (sum_w_up2)])
    sum DUVOL

**** 保存股价崩盘风险数据
    duplicates drop stkcd year, force
    drop Wkret Wrettmv lag1_Wrettmv lag2_Wrettmv fwd1_Wrettmv fwd2_Wrettmv    ///
        n e w sum_w3 sum_w2 w_mean w_delt n_up n_down w_down w_up sum_w_down2    ///
        sum_w_up2 g up down date Date
    save `result'\股价崩盘风险数据.dta, replace
    export excel `result'\股价崩盘风险数据.xlsx,          ///
        sheet("crash_risk") first(var) keepcellfmt replace
end
时间序列回归
```

（三）结果报告

运行时间序列回归 do 文件（附图 4）后，得到××股份 2022 年度股价崩盘风险指标数据集，见附图 5。

三、面板数据

（一）数据准备

选择沪深 A 股 2021～2022 年两个年度的周收益率数据，演示股价崩盘风险指标计算的 Stata 实现，见附图 6、附图 7。

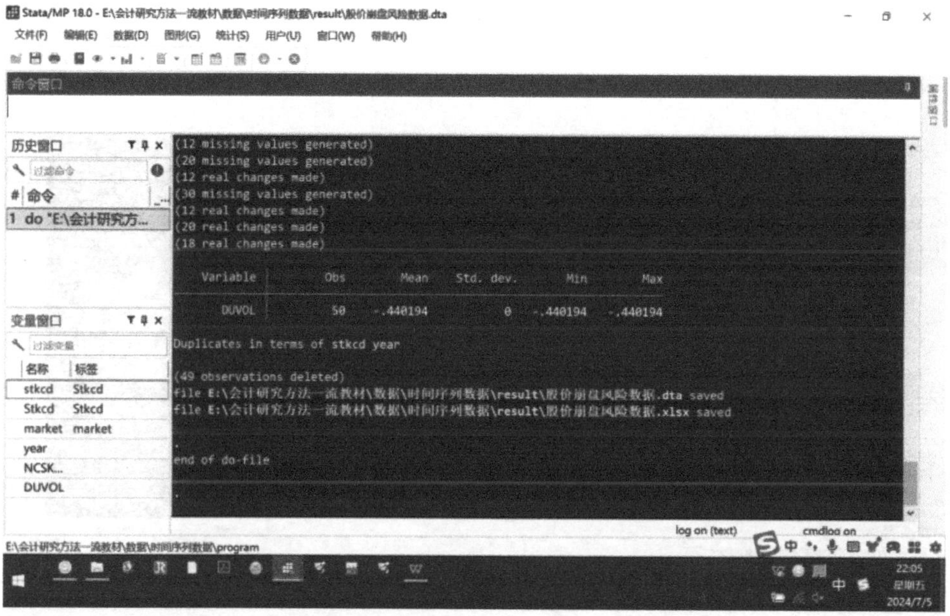

附图 4　时间序列数据回归：××股份

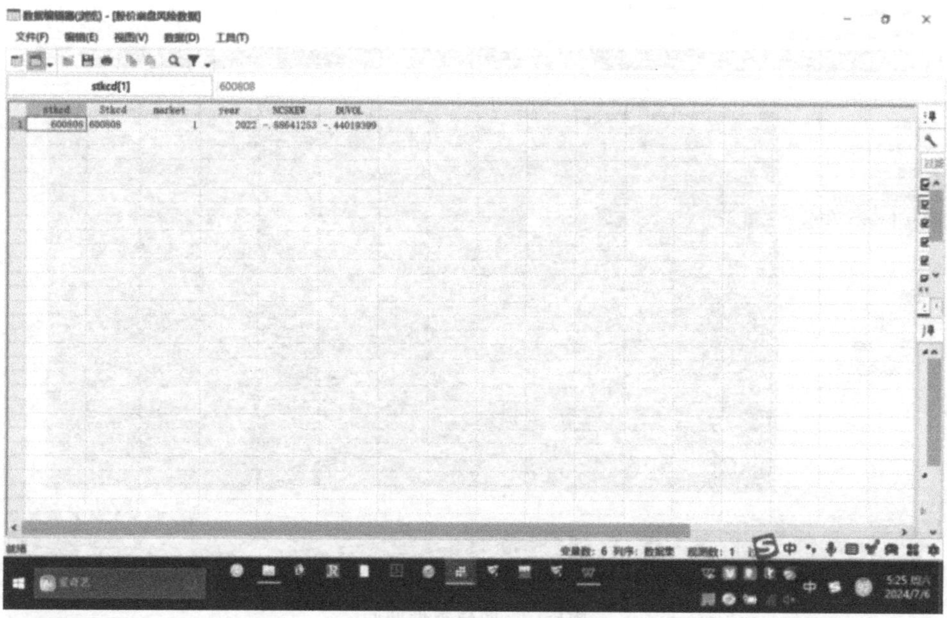

附图 5　股价崩盘风险指标数据集：××股份

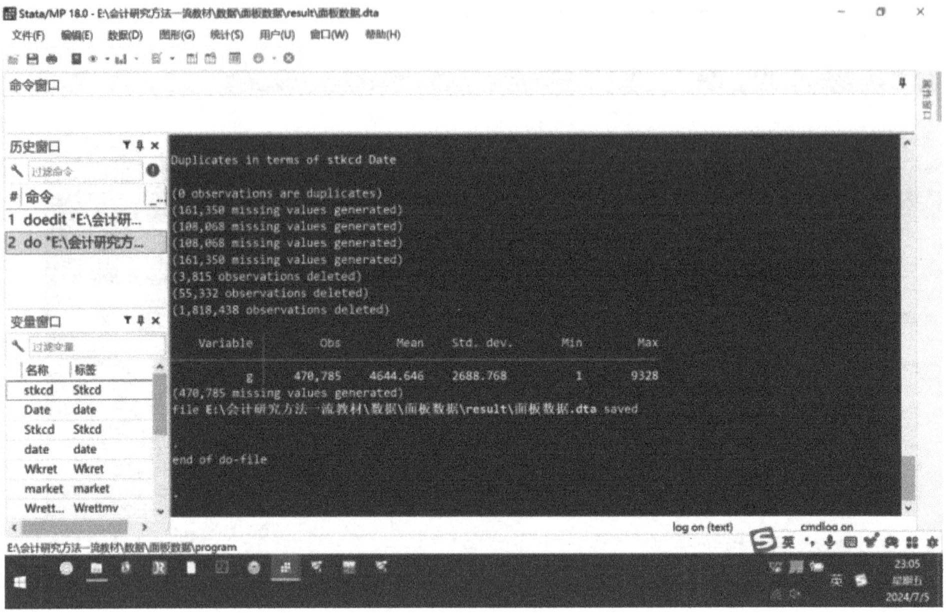

附图 6　面板数据集创建

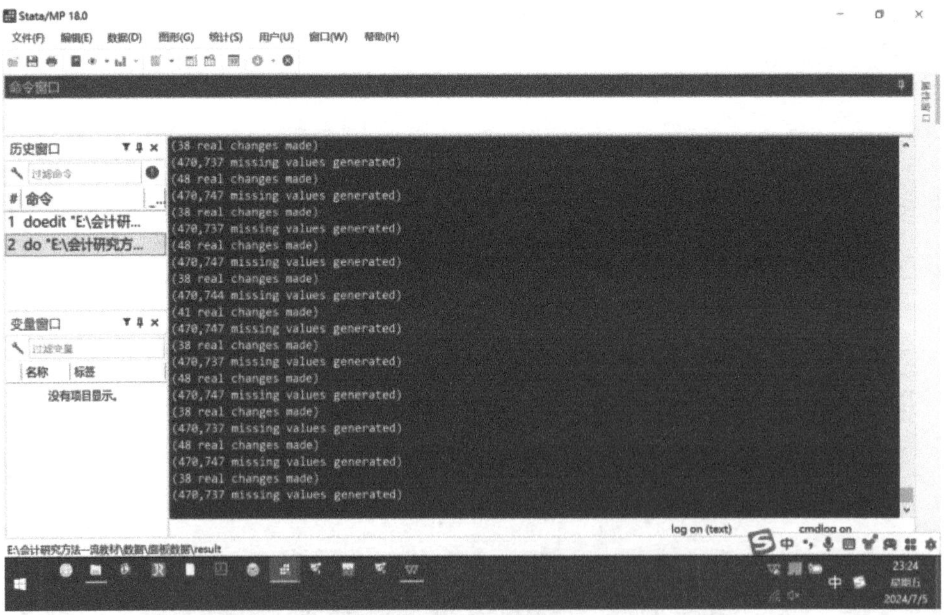

附图 7　面板数据回归

（二）编写程序

为了计算股价崩盘风险，我们编写了 2 个 do 文件，分别是 crash _ pd. do 和面板数据回归. do。

1. crash_ pd. do

```
capture prog drop _all
prog crash_pd
    version 18.0
    set more off
    local result "E:\会计研究方法一流教材\数据\面板数据\result"
    cd "E:\会计研究方法一流教材\数据\面板数据\program"

**** 合并 3 张个股收益率 Excel 表单
    forvalues i=1/3{
    import excel return.xlsx, sheet("Sheet`i'") firstrow clear
    save `result'\d`i'.dta, replace
}
    append using `result'\d1
    append using `result'\d2
    sort Stkcd date
    save `result'\个股收益率, replace

**** 调入市场收益率数据
    import excel return.xlsx, sheet("Sheet4") firstrow clear
    keep if market == 1 | market == 4
    save `result'\市场收益率, replace
**** 合并个股与市场回报率
    use `result'\个股收益率, clear
    merge m:m date using `result'\市场收益率, force
    drop _merge
    save `result'\崩盘模型数据集.dta, replace

**** 准备工作
    use `result'\崩盘模型数据集.dta, clear
    destring date, gen(Date) ignore("-")
    destring Stkcd, gen(stkcd)
    order stkcd Date
```

```
    sort stkcd Date
    xtset stkcd Date

**** 删除重复值
    duplicates drop stkcd Date, force

**** 生成滞后项和前导项
    gen lag2_Wrettmv = L2. Wrettmv
    gen lag1_Wrettmv = L1. Wrettmv
    gen fwd1_Wrettmv = F1. Wrettmv
    gen fwd2_Wrettmv = F2. Wrettmv
    drop if Wkret == .
    gen year = real(substr(date,1,4))
    bysort stkcd year:egen n = count(year)
    drop if n < 30          //删除交易周数不足 30 的样本

*      首先生成面板数据集
    keep if year == 2021 | year == 2022
    egen g = group(stkcd year)        //按股票代码和年份进行分组
    sum g
    g e = .        //生成新变量 e,用于储存分组回归的残差
    save `result'\面板数据. dta , replace
end
crash_pd
```

2. 面板数据回归. do

```
capture prog drop _all
prog 面板数据回归
    version 18. 0
    set more off
    local result "E:\会计研究方法一流教材\数据\面板数据\result"
    cd "E:\会计研究方法一流教材\数据\面板数据\result"

**** 计算个股周持有收益率
**** 以下程序中的 9328 为组数,按股票代码和年份进行分组回归
    use 面板数据. dta, clear
```

```
    forv g = 1/9328{
        qui reg Wkret lag2_Wrettmv lag1_Wrettmv Wrettmv        ///
                fwd1_Wrettmv fwd2_Wrettmv if g == `g'
        predict rs if e(sample), residual
        replace e = rs if e(sample)
        drop rs
}
    gen w = ln(1+e)
    save `result'\crashrisk, replace

**** 计算负收益偏态系数(NCSKEW)
    use `result'\crashrisk, clear
    bys stkcd year:egen sum_w3 = sum(w^3)
    bys stkcd year:egen sum_w2 = sum(w^2)
    gen NCSKEW = -[n * (n-1)^(3/2) * sum_w3]/[(n-1) * (n-2) * (sum_w2)^(3/2)]
    sum NCSKEW
**** 计算收益上下波动比率(DUVOL)
    bysort stkcd year:egen w_mean = mean(w)
    gen w_delt = w - w_mean
    gen up = 1 if w_delt > 0
    replace up = 0 if w == .
    gen down = 1 if w_delt < 0
    replace down = 0 if w == .
    bysort stkcd year:egen n_up = sum(up)
    bysort stkcd year:egen n_down = sum(down)
    gen w_down = 0
    replace w_down = w if down == 1
    gen w_up = 0
    replace w_up = w if up == 1
    bysort stkcd year:egen sum_w_down2 = sum(w_down^2)
    bysort stkcd year:egen sum_w_up2 = sum(w_up^2)
gen DUVOL = ln([(n_up-1) * (sum_w_down2)]/[(n_down-1) * (sum_w_up2)])
    sum DUVOL

**** 保存股价崩盘风险数据
    duplicates drop stkcd year, force
```

```
    drop Wkret Wrettmv lag1_Wrettmv lag2_Wrettmv fwd1_Wrettmv fwd2_Wrettmv   ///
        n e w sum_w3 sum_w2 w_mean w_delt n_up n_down w_down w_up sum_w_down2   ///
        sum_w_up2 g up down date Date
    save `result'\股价崩盘风险数据.dta, replace
    export excel `result'\股价崩盘风险数据.xlsx, /*
        */ sheet("crash_risk") first(var) keepcellfmt replace
end
面板数据回归
```

（三）结果报告

以上 2 个 do 文件运行后，可以得到沪深 A 股市场 2021 和 2022 两个年度的股价崩盘风险指标数据集，见附图 8、附图 9。

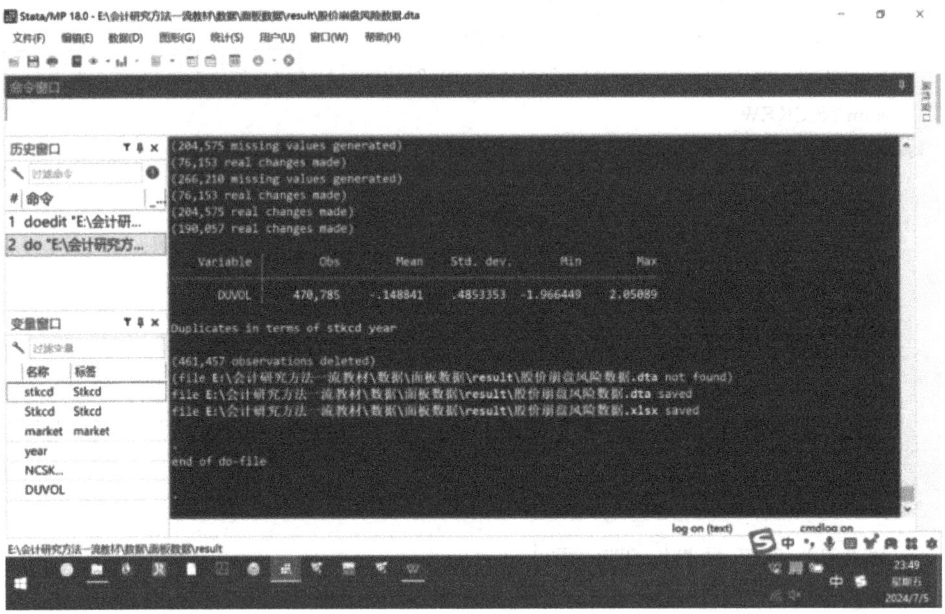

附图 8　股价崩盘风险数据：沪深 A 股（2021～2022）

四、统计报告

以面板数据为例，通过编写一个 do 文件（统计报告.do），演示股价崩盘风险指标统计报告的 Stata 实现。

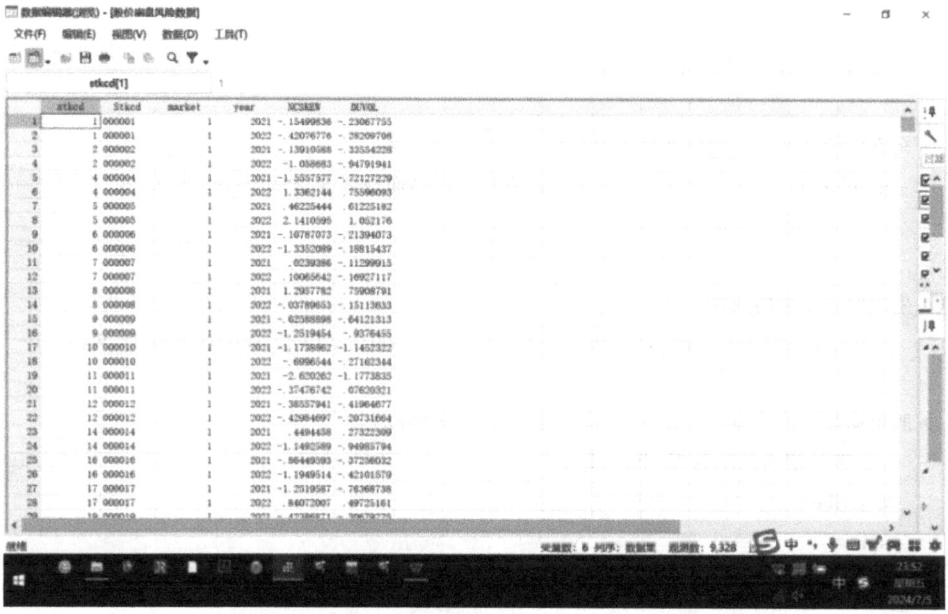

附图 9　股价崩盘风险数据集：沪深 A 股（2021～2022）

```
capture prog drop _all
prog 统计报告
    version 18.0
    set more off
    cd "E:\会计研究方法一流教材\数据\面板数据\result\"

    use 面板数据.dta, clear
    regress Wkret lag2_Wrettmv lag1_Wrettmv Wrettmv      ///
        fwd1_Wrettmv fwd2_Wrettmv if stkcd == 600808
    predict rs if e(sample), residual
    replace e = rs if e(sample)
    drop rs

*生成回归结果表格
    outreg2 using "E:\会计研究方法一流教材\数据\面板数据\report\回归结果.doc", replace

*导出回归结果至 LaTeX
    esttab using "E:\会计研究方法一流教材\数据\面板数据\report\回归结果.tex", replace
```

```
* 绘制回归系数图
    coefplot, vertical drop(_cons)


* 马钢股份(600808)股价崩盘风险模型回归系数可视化
    graph export "E:\会计研究方法一流教材\数据\面板数据\report\coefplot. pdf", ///
        as(pdf) name("Graph")


* 生成回归结果的摘要
    summarize Wkret lag2_Wrettmv lag1_Wrettmv Wrettmv fwd1_Wrettmv fwd2_Wrettmv


* 股价崩盘风险的描述性统计:沪深 A 股(2021 — 2022)
    use 股价崩盘风险数据. dta, clear
    describe
    sum
    asdoc sum, stat(N mean sd tstat p1 p99) replace dec(5)


end
统计报告
```

上述 do 文件运行的结果见附图 10、附图 11。

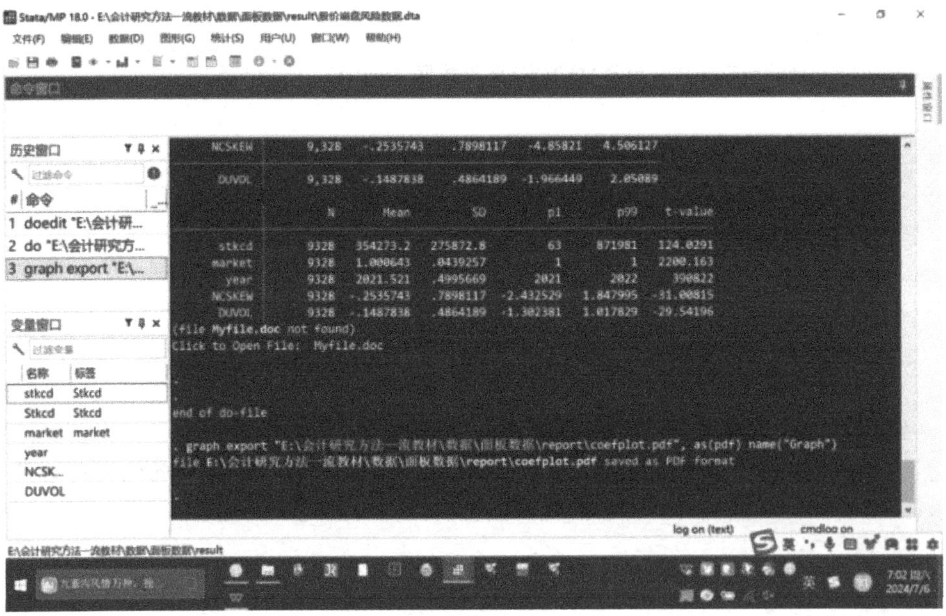

附图 10　股价崩盘风险统计报告：沪深 A 股（2021～2022）

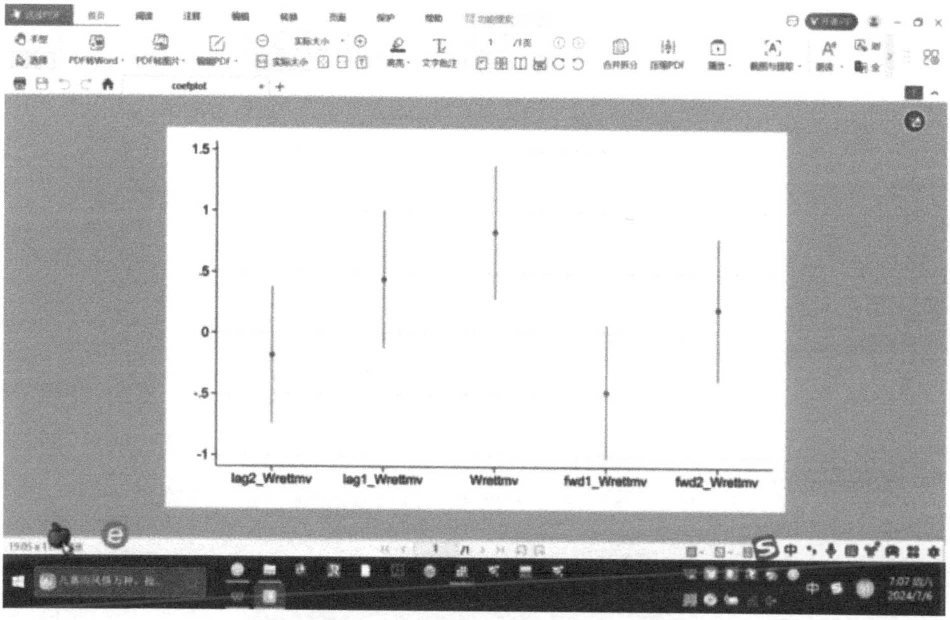

附图 11 回归系数可视化：××股份